教育部新世纪优秀人才支持计划资助（NCET-10-009）
北京市属高等学校高层次人才引进与培养计划项目(CIT&TCD20140314)
北京农业产业安全理论与政策研究创新团队项目
北京市农业经济管理重点建设学科系列学术著作

北京葡萄酒产业发展研究

何忠伟　张宏图　潘望　等著

中国农业出版社

著　者（按姓名笔画排序）：

白凌子　朱　聪　任志刚

何忠伟　张宏图　潘　望

前言

葡萄作为世界四大果品之一，不仅鲜食美味可口，还可酿酒、制干、榨汁、制罐头，已成为国际上公认的重要保健果品，享有“水果皇后”的美誉，是经济效益最好的果类产品。葡萄酒产业是一个融合性产业，汇集园艺、科技、文化、养生等多种元素，产生高附加值和高消费值。葡萄酒产业还是一个循环经济产业，它通过农民种植专用酿酒葡萄酿造优质葡萄酒，葡萄酒的皮渣又可提取功能性油脂（用于高级化妆品）、功能性多酚（具有很高保健功能的物质），剩余的残渣也是良好的饲料和肥料，是几乎无污染的绿色产业。

随着人们对葡萄酒消费需求的快速增长，品尝葡萄酒已成为一种时尚、娱乐和文化。2012 年，世界人均葡萄酒消费量约为 7 升，而我国人均消费 0.38 升，城镇人均消费 0.7 升。我国葡萄酒市场需求每年以 10%～20%的速度增长，北京作为世界性大都市，消费需求尤为强劲，而北京生产量仅为全国的 4%，发展葡萄酒产业的潜力很大。

2014 年，第十一届世界葡萄大会将在北京市延庆县举办，北京市将借此机遇，大力宣传北京葡萄产业，培育和发展具有复合功能的高端葡萄酒庄产业带，引领山区经济转型升级提质。进一步创新葡萄酒庄产业带发展模式，与沟域经济建设相结合，打造集葡萄采摘、红酒加工、休闲度假、商务会议、温泉养生、科技示范等多功能于一体的葡萄酒庄产业综合体；与小城镇建设相结合，准确把握小城镇建设与葡萄酒庄产业共生共荣依存发展的关系，进一步推动村镇城市化程度，实现产业升级，吸纳农民就业，促进葡萄酒庄产业可持续发展；与打造旅游功能区相结合，深入探索葡萄和葡萄酒庄产业与现代旅游业融合发展的模式。

在调研和写作过程中，我们得到北京市农村工作委员会、北京农学院、北京各区县农村工作委员会的大力支持，得到了教育部新世纪优秀人才支持计划、北京农业产业安全理论与政策研究创新团队项目等资助。朱聪、白凌子、邬津、李娜、张民、韩啸、余洁、杨柳、孙静等同学参与了调研与数据统计工作，在此一并感谢。

由于时间紧，水平有限，许多方面还有待我们进一步思考与完善。

著　者

2014年6月

目录

一、绪　论

葡萄酒产业是一个文化创意产业，也是一个农产品深加工产业，更是直面“三农”、有利于北京农民持续稳定增收的高效农业种植业，它是一个融合一、二、三产业发展的高端、高效、高辐射农业。葡萄酒是一种酿制酒，是一种将葡萄汁加以发酵后所得的、含酒精的碱性饮料。它的酒精度较低、品格高雅，具有丰富的营养。也是我国推进酒类产品结构调整，重点扶持发展的酒种之一。葡萄酒产业还是一个循环经济的产业，农民种植专用酿酒葡萄，酿造优质葡萄酒，葡萄酒的皮渣又可提取功能性油脂（用于高级化妆品）、功能性多酚（具有很高保健功能的物质），剩余的残渣也是良好的饲料和肥料，是几乎无污染的绿色产业。

2005 年以来，随着我国人民生活水平的提高，我国葡萄酒消费和生产快速发展，葡萄酒越来越受到消费者的喜爱。目前，葡萄酒生产和消费市场每年都以 15%以上的速度在增长，其中，广州、深圳、上海和北京是最大的消费市场，每年的市场成长率高于 35%。2014 年，法国波尔多国际葡萄酒与烈酒展览会公布的一项研究报告显示，中国已超越法国和意大利，成为全球最大的红葡萄酒消费国。2013 年夏天，在消费的葡萄酒价格上中国排名世界第四，人均葡萄酒消费量排名仅为第 20 名。这项由国际葡萄酒与烈酒研究机构 IWSR 完成的研究表明，中国 2013 年消费了 1.55 亿箱（9 升/箱）红葡萄酒（约 18.65 亿瓶），比 2008 年增长了 136%。法国消费了 1.5 亿箱红葡萄酒，列全球第二位。意大利消费 1.41 亿箱红葡萄酒，列第三位。据美国《纽约时报》报道，在提供葡萄酒业经营管理培训的波尔多国际葡萄酒学院，最令人惊讶的不是其学员规模，而是学员的构成情况：中国学生约占 30%，是除法国学生之外最大的一个群体，而美国学生仅占不足 4%。报告显示，中国的红葡萄酒消费速度自 2005 年以来加快，2007—2013 年中国红葡萄酒消费量增长 2.75 倍，而同期法国红葡萄酒消费量则下降 5.8%，意大利降幅达 18%。报告还显示，中国消费的红葡萄酒超过 80%为本土酿造，中国已成为全球第五大葡萄酒生产国。不过，中国葡萄酒进口量也不断增长，2007—2013 年增长 7 倍。进口葡萄酒目前占中国葡萄酒消费量的 18.8%。

北京是目前国内几大葡萄酒消费市场中唯一适宜生产优质葡萄酒的大都

市，也是未来葡萄酒市场增长空间最大的城市，北京还是重要的旅游城市，是世界上很少能生产优质葡萄酒的首都之一。然而，目前北京葡萄酒产业的发展较缓慢，虽然北京也是全国十大葡萄酒生产省（直辖市）之一，但是，生产量只有全国的4%，而且，原料基地也不在北京；与葡萄酒文化推广有关的文化产业没有很好地发展起来，深受消费者欢迎的葡萄酒博览会、交易会等会展工作也没有很好地发展起来，大大影响了葡萄酒产业和消费的发展。

（一）葡萄酒成为消费升级的主要产业，消费群体明显扩大

1. 大经济环境下的葡萄酒类板块受到重视 随着我国扩大内需战略的推进，存在消费升级和需求增大的长期利好因素，不仅成为消费品生产企业发展的巨大动力，也促使葡萄酒企业保持高速增长的势头。从近期的市场走势中发现，在基金重仓股中，葡萄酒上升势头不错，基金增仓的上升态势比较明显。酒类企业是消费升级第一受益者，经济增长带来居民收入提高也将是葡萄酒消费未来高增长的基础。由于股票市场对酒类板块的追逐，吸引了众多社会人群对葡萄酒的关注。

2. 新富人群成为葡萄酒消费主流群体，消费领袖的意见接受度越来越高 据权威机构调查表明，2007年以来，葡萄酒消费人群继续扩大，在大众消费者中，25～44岁的中青年人是葡萄酒的主要饮用者，而在职业特征上，公司管理人员、普通白领及商业、服务业等企业职工是主要饮用者。而在中国新富（定义是高消费、高学历、高收入的“三高”人群）群体中，男性、30～34岁的青年人、企业中高层管理人员、专业技术人员是葡萄酒的主要消费者。

新富人群中还有相当一部分海外留学归来的人员，由于受到国外葡萄酒的熏陶，具有相当丰富的葡萄酒知识和饮用经验，他们的消费意见被一些不懂葡萄酒的消费者看重，他们普遍表现出的对进口葡萄酒的偏爱，在一定程度上引导了高端消费群体的取向。

3. 酒市呈现平民化热潮 高端酒毕竟是为少数人准备的，真正体现葡萄酒消费成熟的标志是大众化。2007年11月，在中国连锁经营协会10周年庆典上，华夏五千年葡萄酒推出“名品世家U9－MWP工程”的连锁项目，推出具有代表性的物美价廉的产区葡萄酒，以微型终端为特色，以大众消费者为目标受众，掀起了一场名品红酒的平民化运动。

葡萄酒的平民化不仅仅是国产葡萄酒的事情，进口酒也在这方面做出了反应。目前超市引进的进口葡萄酒约300种，其中100元以下的占到了一半以上，销量方面占到七成左右。在麦德龙、家乐福等超市，大都设立了专门的进

口葡萄酒区，价位从二三十元到上万元不等。

4. 葡萄酒收藏和投资理念逐渐被社会接受　葡萄酒常常被誉为液体资产，这是由其独特收藏价值决定的。葡萄酒收藏具有增值幅度大、增值率稳定的特点，随着国际葡萄酒收藏和投资热潮的影响，我国也开始兴起收藏葡萄酒。2007 年 6 月 6 日，张裕投资近 2 亿元兴建的北京张裕爱斐堡国际酒庄正式开业，备受行业关注的中国首批期酒在这一天同步推向市场。爱斐堡酒庄 2006 年份期酒仅发售 100 桶，很快就售完。

张裕爱菲堡的期酒引发了中国葡萄酒市场收藏和投资的广泛讨论，使更多葡萄酒爱好者和投资者将目光聚焦在葡萄酒上，越来越多的人开始收藏与投资葡萄酒，并考虑建造私人酒窖。

5. 葡萄酒的健康功效逐渐被大众认可　据调查统计表明，生活在盛产葡萄酒区域的人们，由于饮用葡萄酒的机会较多，所以平均寿命较长。在葡萄种植园工作的农民，平均寿命达 90 岁以上。而最新医学研究结果也表明：经常饮用红葡萄酒，对人体有着非同小可的意义。

（1）**延缓衰老。**人体跟金属一样，在大自然中会逐渐“氧化”。金属氧化是铁生黄锈、铜生铜绿，人体氧化的罪魁祸首不是氧气，而是氧自由基，是一种细胞核外含不成对电子的活性基因。这种不成对的电子很易引起化学反应，损害 DNA（脱氧核糖核酸）、蛋白质和脂质等重要生物分子，进而影响细胞膜转运过程，使各组织、器官的功能受损，促进机体老化。而红葡萄酒中含有较多的抗氧化剂，如酚化物、鞣酸、黄酮类物质、维生素 C、维生素 E、硒、锌、锰等，能消除或对抗氧自由基，所以具有抗老防病的作用。

（2）**预防心脑血管病。**红葡萄酒能使血中的高密度脂蛋白（HDL）升高，而 HDL 的作用是将胆固醇从肝外组织转运到肝脏进行代谢，所以能有效降低血胆固醇，防治动脉粥样硬化。不仅如此，红葡萄酒中的多酚物质，还能抑制血小板的凝集，防止血栓形成。在饮用 18 个小时之后仍能持续的抑制血小板凝集。

（3）**预防癌症。**葡萄皮中含有极高成分的白藜芦醇，抗癌性能在数百种人类常食的植物中最好。可以防止正常细胞癌变，并能抑制癌细胞的扩散。

（4）**美容养颜。**自古以来，红葡萄酒作为美容养颜的佳品，备受人们喜爱。有人说，法国女子皮肤细腻、润泽而富于弹性，与经常饮用红葡萄酒有关。除此，还有不少人喜欢将红葡萄酒外搽于面部及体表，因为低浓度的果酸有抗皱洁肤的作用。据记载，过去的法国宫廷贵妇、如今的影视明星和服装模特，常将陈年红葡萄酒外用，以此来保养皮肤，使皮肤更加光泽、细腻、富有弹性。另外，专家对饮用葡萄酒有所建议，即饮用红葡萄酒，按酒精含量

12%计算，每天不宜超过250毫升，否则会危害健康。

（二）发展北京酒庄葡萄酒产业的意义

葡萄酒庄一词源于法国著名的葡萄酒产地波尔多。生产高档独具特色的葡萄酒是传统葡萄酒庄的主要功能，葡萄酒庄都拥有与之相适应的葡萄园、葡萄品种、一流的酿酒师和丰富的酿酒技术，所以葡萄酒庄是一个独立的生产单位。随着新世界国家葡萄酒庄产业的发展，现代葡萄酒庄又具备了新功能，集旅游、休闲、娱乐等功能于一身。不但可以让消费者品尝到高品质的葡萄酒，还能让消费者了解葡萄酒文化，亲身体验葡萄酒酿造过程。在澳大利亚等新世界国家，通过开发与葡萄酒庄相关旅游项目，其收入可达到葡萄酒庄收入的1/3，带来了极大的经济效益和社会效益。

“七分原料，三分工艺”，这是葡萄酒界公认的标准。优秀葡萄酒庄园的建立也与优质的葡萄种植基地紧密相连。北京的地理特点，决定了北京地区气候、土壤等生态条件的多样性与复杂性，为发展葡萄生产创造了有利的条件。

1. 有利于北京郊区经济结构的调整、促进农民增收　葡萄酒产业是我国推进酒类产品结构调整，重点扶持发展的酒种之一。从2000—2004年国家统计局对全国葡萄酒企业统计（全部国有及销售收入在500万元以上非国有企业）每年年报的数据来看，除2004年葡萄减产（年增长7%）外，这几年葡萄酒产量年增长率均在15%以上，2005年1～6月份累计完成产量18 999万升，同比2004年上半年（15 680万升）增长21.1%，2005年接近50 000万升。而且目前葡萄酒消费市场成长快于生产发展，未来几年的发展都是快速的。据统计，2012年中国人均葡萄酒消费量为0.4升，而世界葡萄酒人均消费量为6升，欧洲主要葡萄酒生产国人均葡萄酒消费量达到60升，所以北京葡萄酒市场存在巨大的潜力。

根据中国农业大学以及国内葡萄酒专家、企业家对北京地区气候、生态和环境的考察，其中延庆、房山、大兴、密云、通州等几个区县是目前北京适宜发展葡萄产业较为集中的几个地区，自然条件优越，与法国波尔多地区十分相似，十分适宜酿酒葡萄品种的种植。因此，在北京发展葡萄酒产业是有巨大市场空间的。

葡萄酒产业是一个产业链长、效益高的产业。首先，消费者对葡萄酒文化的认同性高，对葡萄酒产品的价值认同空间大，因此，葡萄酒产业链的各个环节的增值空间大，同样农民种植酿酒葡萄增加收入的空间也大，持续性稳定。葡萄酒产业对农民增收的效应稳定和持久。如果通过培训，农民参与到葡萄酒的加工以及将葡萄酒产业进入到农业旅游和社会主义新农村建设中，对农民增收更是锦上添花。

2. 有利于北京旅游业的发展　葡萄酒产业是一个文化产业，也是重要的旅游消费产品，更是一个健康食品。葡萄酒是一种含有高含量多酚类物质的食品，它们对一些严重危害人类健康的慢性疾病如肥胖、心脏病、癌症等具有一定治疗和预防作用。法国等欧洲国家以及美国、澳大利亚等新兴葡萄酒发展国家都对葡萄酒产业给予高度关注和大力支持。

北京延庆、怀柔、平谷和密云等适宜发展葡萄酒产业的区域，也是北京的"夏都"和重要的旅游地区，历史文化悠久，西汉长城仍保留完整，而我国葡萄酒又是起源于西汉。葡萄酒是一个文化产业，正好符合北京文化兴市的发展战略，因此，在北京发展葡萄酒产业，有利于北京旅游业的发展。而且，由于北京是拥有62%山区的大都市，又居于葡萄酒产业发展适宜区，发展酒庄葡萄酒产业在中国是一个具有唯一性的产业，在世界也是少数几个能将葡萄酒生产、旅游休闲度假结合的都市之一。

3. 有利于北京山区生态环境建设和景观建设　酿酒葡萄是多年生的植物，有利于防止山地水土流失；酿酒葡萄抗逆性强，病虫害发生少，有利于保护生态环境，北京"波龙堡"葡萄酒庄园就被认证为生态有机葡萄园，生产有机葡萄酒；葡萄酒加工也是循环经济产业，是几乎无污染的绿色产业。葡萄园景观优美，是农业旅游重要的建设内容。因此，在北京发展酒庄葡萄酒产业有利于北京山区生态环境建设和景观建设。

（三）北京葡萄酒发展历史

1910年，为了给教会弥撒时准备葡萄酒，法国修士沈蕴璞在北京阜外马尾沟13号法国圣母天主教堂建立了教堂酒坊，北京葡萄酒史由此拉开了序幕。当时所有葡萄种苗均来自葡萄酒圣地——法国，酿酒师也是法国人，教堂酒坊所生产法国风格红、白葡萄酒供应几乎全京城教堂用于教会弥撒、祭祀和教徒圣餐饮用，年产仅5～6吨。

1949年，新中国成立，中国葡萄酒业由于受战争摧残，仅存6家酒厂，分别为张裕、北京上义洋酒厂（北京龙徽酿酒有限公司的前身）、吉林通化、长白山、山东青岛和山西清徐，总产量仅为84.3吨，其中，北京上义洋酒厂产量为20吨。为拯救中国的轻工业，国家将葡萄酒列为重点发展对象，编进第一个五年计划，并经过周恩来总理的努力，终于将其列入苏联援建中国156个项目之一。1955年，北京夜光杯葡萄酒厂建成，成为新中国第1家大型现代化葡萄酒厂，并将新中国第1代著名女酿酒专家王秋芳女士聘任为首任厂长，此后酒厂迅速发展，在1980年，成为中国5个最大规模的葡萄酒厂之一。1956年，酒厂迁址到燕京八景之一的玉泉山麓东南侧（现址玉泉路2号）。1959年，经北京市政府正式批准，更名为北京葡萄酒厂。

1. 中国红 1959年，新中国成立10周年之际，北京龙徽酿酒有限公司精心研制、酿造了一款国庆献礼产品“中国红”。当时的“中国红”还只是一款甜型葡萄酒，但一经问世，便以其宝石红的色泽、协调的果香以及入口醇厚、圆润柔细、余香清晰的独特风格，赢得了各界人士的赞誉。著名作家巴金、刘白羽赞其清香甘美、沁人心脾，并留下了“闻香下马，飘飘欲仙”的题词。国家领导人更是钦定其为“新中国首支国宴用酒”，自1962年起即作为国宴用酒、天安门活动指定用酒至今。周恩来总理访问16国时，以“中国红”招待和馈赠外宾。作为新中国的政治外交红酒，“中国红”从此蜚声海内外。此后，北京葡萄酒厂承袭传统法国制酒理念的精髓，先后注册了“中华”商标并开发出中国红葡萄酒、御莲白酒、桂花陈酒、宫桂酒、薄荷酒等深受广大国民群众青睐的产品。其中，最出名的产品是桂花陈酒，它是北京葡萄酒厂1959年发掘古代宫廷秘方所创制的，非常切合当时中国消费水准和消费需求，以其独特的工艺及口感被称为“中国的马提尼”，至今还畅销欧洲、日本、美国等市场，历经40年不衰。

2. 西拉葡萄酒 西拉是一种葡萄，在法国靠近阿维尼翁的罗纳谷拥有悠久而光荣的历史。中国最早的西拉葡萄苗1987年由当年的北京葡萄酒厂（现在的北京龙徽公司）从法国罗纳河谷引进，种植在距北京100千米的河北怀来。国内第一支西拉红酒是2000年份龙徽庄园西拉干红，酿酒葡萄全部来自阳光明媚的怀来龙徽庄园，并经过龙徽法国常驻酿酒师的严格挑选。现在我们能喝到随处可见的国产西拉红葡萄酒，就是龙徽对中国葡萄酒业最卓著的贡献，代表了中国葡萄酒的顶尖成就。龙徽庄园级西拉干红葡萄酒呈精美的深浓宝石红色泽，具有覆盆子、樱桃等红色水果、桑葚等黑色水果和李子的果香、胡椒的辛香及烘烤橡木的气息，构架圆润，带有淡淡树木、香草的香味，单宁柔顺细腻，余味持久，是绝无仅有的国产酒中精品。现在饮用可品尝它的果香，该酒亦可在条件良好的地窖内存放5～8年。2000年份龙徽庄园西拉红酒获第四届中国国际葡萄酒和烈酒评酒会银奖。

二、北京葡萄与葡萄酒发展的现状

北京优质葡萄产区位于北纬 39°28′～41°25′、东经 115°25′～117°30′，南北约 176 千米，东西约 160 千米。东，北，西三面环山，北部为燕山山脉，西北及西部为太行山脉，山地面积约占总面积的 61.21%，平原约占 38.71%。最高海拔 2 302 米，最低海拔 8 米，绝大部分山区海拔为 1 500～2 000 米，平原主要是在海拔 100 米以下。西北高，东南低，地形过度落差大，还有永定河、潮白河、拒马河等河流形成的冲积扇，沟域明显。

北京地区的气候属于暖温带半湿润季风大陆性气候，且处于暖温带半干旱向半湿润的过渡地带，由于其地理位置背山面海，受复杂地形的特殊影响，光热水资源比同纬度的其他地区优裕。其气候特点：季风气候显著，四季分明，冬季较长且寒冷少雪，多西北风；夏季炎热多雨、多东西风及暴雨，易产生洪涝；春季增温快，干旱多风；秋季短暂降温快，秋高气爽，有时产生洪涝和霜冻。北京的地理特点，决定了北京地区气候、土壤等生态条件的多样性与复杂性，也为发展葡萄生产创造了有利的条件。2000 年以来，北京葡萄产业发展迅速，已形成大兴、通州、顺义、延庆、房山等几个比较集中的大产区。由于北京地区生态条件的多样性和复杂性，14 个远郊区县的葡萄产业发展以及葡萄品种的分布，呈现出不同的特点。

（一）延庆县

1. 发展现状 延庆县位于北京市西北部，距北京市区 74 千米，是北京的北大门。县域地处北纬 40°16′～40°47′、东经 115°44′～116°34′，东与怀柔相邻，南与昌平相连，西面和北面与河北省怀来、赤城接壤。延庆是一个北、东、南三面环山，西临官厅水库，与河北怀来同属桑干盆地，即延怀盆地，延庆位于盆地东部，与相邻的著名葡萄酒产区沙城具有相近的自然条件。总面积 1 993.75 千米^2，其中山区面积占 72.8%。全县林木覆盖率高达 70%。平均海拔高度在 500～600 米，气候宜人，夏季平均气温比北京城区低 4～5 ℃，因此又被誉为“夏都”。境内旅游资源丰富，承载着中华民族历史文化底蕴的举世闻名的万里长城即坐落于此。地理条件得天独厚阳光充足，雨水少，海拔高，昼夜温差大，是葡萄与葡萄酒优质产地。延庆县早在 1998 年 9 月 11 日，便由农业部、中国农业大学、中国农学会葡萄分会、北京市园林绿化局等单位专家教授组成的论证委员会一致认为是全国发展优质葡萄综合生态条件最佳地区。2010 年 11 月延庆县还被中国果菜论坛组委会评为中国葡萄科技创新示范县。

目前，延庆县共发展葡萄总面积 1.6 万亩*，设施葡萄大棚 700 栋，有机认证葡萄 2 424.8 亩，年产量达 680 万千克。其中，2011 年新植葡萄 3 000 亩，新建设施葡萄 350 栋，新繁育葡萄苗木 60 万株、贝达砧木 5 万株。葡萄发展区域主要集中于张山营镇、永宁镇、沈家营镇、八达岭镇、康庄镇、旧县镇等地。其中，以张山营镇为重点发展区域，目前全镇已发展葡萄 9 000 亩，占全县葡萄种植总面积的 56%。全县主要栽植的葡萄品种有红地球、黑奥林、里扎玛特、美人指、北玫、北红、赤霞珠、梅尔诺等。其中，露地鲜食葡萄占 90%，设施葡萄占 5%，酿酒葡萄占 5%。同时，延庆县还与中国科学院北京植物研究所李绍华教授初步达成合作意向，拟共同建立国家级葡萄产业研发中心，目前中心已发展葡萄日光温室大棚 16 栋，栽植盆栽葡萄 2 000 盆，繁育葡萄大苗 14 万株，引进葡萄品种 675 个。

延庆县葡萄产业已初具规模，并已取得了一定的经济、社会和生态效益。调研显示，一般管理水平的农户，葡萄每亩收入可达 4 000～5 000 元；管理水平较高的农户，则能达到 8 000～10 000 元；个别果园甚至可达到 12 000～15 000元。葡萄种植农户的增收，带动了延庆农户种植葡萄的积极性，提高了延庆葡萄种植的知名度，促进了延庆葡萄产业的发展，改善了延庆的生态环境。

至 2014 年，延庆县葡萄栽培面积预计将达到 6 万亩，发展葡萄酒庄 48 家。最终实现鲜食葡萄年产值 4 亿元，葡萄酒年产值 58 亿元，逐步使延庆成为全国优质葡萄和葡萄酒生产的主要优质产区。

2. 葡萄酒庄建设情况　在葡萄酒庄建设中，延庆县的葡萄酒庄产业项目招商引资 3 年工作目标，明确了投资促进的主要原则和具体措施，保证重点工作有序高效推进。制订了《延庆县葡萄酒庄产业发展准入扶持和退出管理办法》和《葡萄酒庄产业项目投资协议（试行本）》。完成了《延庆县葡萄酒庄产业带规划》，并已上报首都规划委员会。

目前，延庆县的葡萄酒庄产业初成体系，初具规模，并呈出良好的发展态

* 亩为非法定计量单位，1 亩≈667 米^2。

势。拥有红叶庄园、桑干河谷、斗牛士、佳露等业界知名葡萄酒品牌。辉煌世纪、中坤落樱、智能发配用一体化示范项目、北地溪谷、华氏文鼎、卓龙酒庄、罗曼尼酒庄等一批葡萄酒庄正在建设；万方荣誉谷、天池酒庄、海航酒庄、海航葡萄酒交易中心、龙徽葡萄酒交易所等项目正在积极地对接和紧锣密鼓的推进。

3. 发展项目——延庆葡萄酒庄产业带项目

（1）建设地点。位于延庆县北山旅游观光带内，规划用地范围约 200 千米^2，涉及北京市延庆县张山营镇、旧县镇、香营乡 3 个乡镇。

（2）项目定位。2014 年 7 月 28 日至 8 月 8 日，第十一届世界葡萄大会在延庆县召开。由国际园艺学会主办的世界葡萄大会，是全球葡萄界级别最高、参会国家最广泛的盛会，也是这一领域促进国际合作最具影响力的交流平台。大会每 4 年举办 1 次，被誉为“葡萄界的奥运会”。

（3）项目目标。为更好地实现“以会兴业、以会惠民、以会兴城”的办会目标，延庆县将坚持高端一流、坚持资源整合、坚持可持续发展的办会原则，采用全球领先的规划设计理念，对北山葡萄酒庄产业进行开发建设。延庆葡萄酒庄产业带项目，将借世界葡萄大会为发展契机，依托延庆优越的自然气候条件以及当地优质的葡萄种植产业基础，规划建设成“一带、一园、一场、四中心”的总体建设体系，吸引世界著名精品酒庄企业，提升延庆葡萄及葡萄酒研发及产业服务水平，也为葡萄及葡萄酒交易、评级服务平台的建立、相应产业人才培训基地的建设提供一流的环境，建设延庆“中国葡萄酒酒庄之都”。

（4）建设条件。①市政配套条件。项目所在区域内已完成市政道路及配套管线的建设，达到七通一平，即通路、水、电、热、通信、排水、地面平整，周边市政基础设施条件能够满足项目落地建设及营运的实际需求。②交通条件。延庆县葡萄酒庄产业带所处地区交通便利，G6 京藏高速、G7 京新高速、G110 京银路等高速路网及国道距离产业带仅 20 千米。③相关条件。按农业用地配比 3%的建设用地，延庆葡萄酒庄产业带大约可配套建设用地约 900 亩（在村庄建设用地以外单独选址），供除了种植以外的产业运营部分使用。

（5）建设内容。项目依托延庆优越的自然气候条件以及当地优质的葡萄种植产业基础，规划建设“一带、一园、一场、四中心”的空间布局。

① 一带：延庆葡萄酒庄产业带。位于延庆县北山旅游观光带内，沿古龙路和香龙路两侧，全长 50 千米。产业带借鉴世界著名酒庄聚集区的产业发展模式，吸引世界著名精品酒庄企业，以及国内大型知名企业在延庆建立酒庄。争取未来进驻不同国家不同风格的酒庄达 30～50 家。

② 一园。鲜食葡萄产业园。鲜食葡萄产业园以康张路两侧为发展重点，西起五里营，东至松湖果园，北至110国道，现有鲜食葡萄种植面积6 300亩，计划新增种植面积3 700亩，实现总种植规模达到10 000亩。

产业园内主要建设内容为葡萄主题文化园，该园以万亩鲜食葡萄为依托，采用现代农业设施栽培技术，实现全面避雨栽培、有机种植。鲜食葡萄产业园将建成集休闲采摘、科普教育、文化体验、餐饮娱乐等多种功能于一体的葡萄主题文化园。

③ 一场。学术大会主会场。主会场确定在北京辉煌国际会议度假区，位于延庆葡萄种植第一大镇——张山营镇，建设规模近9万米^2，设计规格为五星级标准。

④ 四中心。

a. 国家级葡萄科研与产业服务中心。以延庆县苏庄果树场为基础，建设集葡萄与葡萄酒的科技创新，国内外葡萄与葡萄酒科技成果的试验示范、转化应用、科技培训等为一体的国家级葡萄科学与酿酒工程重点实验基地（与中国科学院植物研究所合作）。建成后的服务中心将成为中国葡萄及葡萄相关产业核心科研力量展示平台。

b. 国家级葡萄酒质量鉴定评级中心。与国家质量监督检验检疫总局合作，达成以质量分级为核心的具有国家级权威性的葡萄酒质量鉴定评级中心，实现年份葡萄酒、品种葡萄酒、产地葡萄酒的定义，葡萄酒原料、原产地、生产年份、品种等内容的规范。

c. 葡萄及葡萄酒交易中心。优化葡萄及葡萄酒产业供应链，搭建葡萄及葡萄酒相关产品及产需物资的进出口交易平台，为中国市场提供来自世界各地的优质葡萄及葡萄酒产品。为国内外酒庄或酒商、鲜食葡萄贸易及加工商提供常年展示、交易、宣传推广和促销平台。

d. 葡萄酒工程培训中心。与西北农林科技大学合作，为葡萄酒产业发展培养具有现代酿酒葡萄学、葡萄酒鉴赏、食品工程学等基本理论和技能，并且能在酿酒葡萄栽培与管理、葡萄酒酿造及相关领域从事科研、生产与管理、贸易营销、新产品研发的高级科学与工程技术人才和管理人才。

（6）总投资与进度。项目总投资100亿元。项目建设周期为3年，产业带主体建设项目于2014年建成，并投入使用。延庆葡萄酒庄产业带内现有8家葡萄酒庄，2011年引进10～20家酒庄企业，到2015年建成3万亩规模的酿酒葡萄基地和50家具有“优质、稳产、长寿、美观”特征的集旅游、观光、度假娱乐休闲等多项功能为一体的葡萄酒酒庄。

通过筹办大会，延庆县葡萄产业升级后，将推动科学种植、深加工及旅游

产业的快速发展，同时也有效促进物流、仓储、餐饮、住宿等行业的发展。实现全县农民仅直接经营葡萄产业，年人均创收达1.2万元以上。

（二）房山区

1. 资源优势

（1）**地理环境适宜，土地资源优越。**房山位于北京西南，地势西高东低，属太行山山脉，拥有首都最大的山前暖区。种植葡萄最适宜的区域在北纬40°，房山区地处北纬39°30′～39°55′，被法国专家誉为“世界上最适宜葡萄酒生产的地方”。全区有10个乡镇的50 000亩土地处于北纬40°酒用葡萄种植黄金线，适合种植酒用葡萄，初步适应性调查结果显示10镇5万亩土地资源适宜产业发展。坐落在城关街道八十亩地村的北京波龙堡葡萄酒业有限公司成功打造出了“中国有机红酒第一庄”的品牌，得到了国际葡萄及葡萄酒组织主席依文·贝纳德的高度赞赏。

（2）**发展空间广阔。**随着进口关税的下降，大量国际知名葡萄酒企业瞄准中国市场，纷纷前来投资建设，给房山区发展葡萄酒产业创造了良好的发展空间，北京国际都市葡萄酒消费市场已经形成。

（3）**科研合作广泛。**房山区历年来与中国科学院、中国农业科学院等一批科研院所形成了良好的合作关系，推动了全区农业结构调整步伐，提升了全区农业产业的档次和水平。中国农业大学葡萄与葡萄酒研究中心主要开展现代优质葡萄栽培技术、优质葡萄酒酿造工艺、鉴赏艺术等研究，该中心的专家将成为我区发展酿酒葡萄的有力科技支撑。从种植到酿造窖藏已经形成了一个跨整个产业链条的技术领先优势。

（4）**符合都市农业特征。**酒庄产业与房山农业产业发展方向相吻合。符合富民方向，新兴产业就业岗位数量多，收入高，对于提升产业就业和富民，有实质性的推动力。

房山区委员会、房山区政府决定依托浅山区得天独厚的自然资源，大力发展国际葡萄酒庄产业。北京房山国际葡萄酒庄产业以［世界·庄］“一樽一盏一心海，一房一山一世界”为主题。以青龙湖镇为核心起步区，进而带动城关等10个浅山区乡镇发展高端葡萄酒产业。按照原产地、标准化、高质量、品牌化酒庄酒发展原则，打造高端葡萄酒庄园产业带，并与之配套建设相关的商务贸易会展区、加工物流区、科研教育区、生态办公区和人文涵养区。未来房山浅山区将形成以中西文化、田园风光为特色的，集葡萄种植、葡萄酒酿造、交易展示、餐饮娱乐、旅游观光、科研教育为一体的葡萄酒产业带。

2. 发展现状

(1) 葡萄种植及带动农户情况。房山区酿酒葡萄种植 3 600（含波龙堡 1 000亩）亩。随着煤矿和非煤矿山关闭，以煤矿采掘为主的粗放产业链断裂，山区经济发展和农民就业受到极大影响。为寻找替代产业，促进浅山区经济发展，经过潜心调研，利用优越的地理条件，选择适宜种植的酿酒葡萄品种，大力发展葡萄酒庄产业，打造房山区葡萄酒庄群落，加快产业结构转型，既能有效提高葡萄种植的附加值，又能促进农民就业增收。关于农民就业，据测算，每 5 亩地需要 1 个劳动力，另外，酒庄建成后需招用 30～70 人就业，所以每个标准酒庄可带动 200 多人就业。关于农民增收，以土地流转费为例，按房山区土地流转政策，每亩土地流转费为 1 200 元，5 年后递增 5%，农民户均收入可达到 3 000 元以上。目前房山区已流转土地 2.1 万亩，发放流转费 2.52 亿元，带动农民就业约 5 000 人。由此可见，发展高端葡萄酒庄产业是调整农村产业结构的最佳选择方式。

(2) 葡萄酒庄产业工作进展情况。

① 酒庄建设扎实起步。一是 15 家投资商与 7 个乡镇签订了 16 个酒庄合作项目。全区完成土地流转 21 445 亩，整理土地 2 627 亩，完成栽植面积 2 522亩，74.73 万株。签约酒庄中 7 家已完成平面规划设计方案，4 家完成酒庄试点规划设计方案，已上报市规委。值得一提的是，长阳镇莱恩堡酒庄经过一年多的建设，成功地进行了试生产，收获葡萄 24 吨，产出葡萄酒 15 吨，现正进行二次发酵工序。波龙堡酒庄 2013 年酿酒 37 吨，灌装干红葡萄酒 5 万瓶。红酒城青龙湖核心区一期占地 202 亩，已于 2011 年 3 月 9 日由北京青田房地产经纪有限公司以 1.94 亿元摘牌成交；二期占地 210 亩，已于 2011 年 10 月 11 日由北京星华智本投资发展有限公司以 1.87 亿元摘牌成交。星华智本投资发展有限公司是一家新型产业投资运营集团，集智慧与资本整合优势资源，以文化创新、产业创新、金融创新为主导；借助新媒体、新技术，打造新社区、建设新文化，为中国产业转型提供全方位服务。该公司将在未来 3～5 年内投资 60 亿～80 亿元人民币，参与房山区的商贸流通产业、旅游文化产业及葡萄酒产业的开发建设。

完成了《北京房山高端葡萄酒产业总体规划》（初步方案，以下简称《规划》），总体规划面积 70 425 亩，共建设 66 个酒庄。《规划》根据房山区总体产业分布状况，地理位置及地质情况，确定了酒庄发展“三带五区”产业布局。“三带”，即旅游文化主题发展带，生态休闲主题发展带，田园观光主题发展带；“五区”，即商务休闲区、文化旅游区、山水休闲区、田园观光区、生态修复区。明确了不同区域的功能和发展主题。此外，《规划》对房山区的基本

情况、产业发展的定位、产业规模与布局以及区域统筹发展模式等进行了全面系统的分析并提出了相关规划实施建议，在产业建设过程中具有重要的现实操作意义。

② 成立了领导机构。为加强葡萄酒产业建设和管理，成立了由区长和主管农业区长牵头，区长助理专门负责的领导机构。多次召开各种会议，研究葡萄酒产业的有关问题，解决实际困难，有效地推动了各项工作的开展。市有关领导高度重视此项工作，市政府原副市长、市对外技术交流协会主席胡昭广就葡萄酒产业建设进行了专题调研并提出：房山区发展葡萄酒产业必须在 OIV 的高标准上启动，建成真正融技术、环境、文化、气质、品牌于一身，商业气息浓郁，文化内涵丰厚，产地特色突出的顶级酒庄。

③ 制订了高端葡萄酒庄产业发展意见。进一步明确和增加了土地流转补偿、补贴数量和年限、工程招投标程序和组织办法等。目前区政府已下发《北京市房山区人民政府关于高端葡萄酒产业发展若干意见（试行）》（房政发〔2010〕26 号）和《北京市房山区人民政府关于印发高端葡萄酒产业发展若干意见实施细则（试行）的通知》（房政发〔2010〕45 号）。

④ 积极筹备核心区启动工作。按照全区葡萄酒产业发展总体设想，2010 年 5 月 27 日，在雾岚山下、大石河畔的波龙堡酒庄内举行了由市、区主要领导和国际友人参加的北京房山国际葡萄酒庄产业集群启动盛典，并在启动盛典上与合作单位签署了 4 个合作协议。同时向区政府专家顾问团有关专家颁发了聘书，并由多家媒体进行了报道，收到了良好的宣传效果。2010 年 6 月中旬，在青龙湖公园举行了青龙湖国际红酒城启动仪式，并召开了新闻发布会，圆满完成了红酒之夜等各项活动。2010 年 11 月，在青龙湖畔举办了以低碳环保为主线，以“打造青龙湖自行车品牌赛事，促进青龙湖国际红酒城项目”为主题的首届北京青龙湖国际红酒城自行车邀请赛。

3. 发展规划

（1）国际专业酒庄集聚区。按照原产地、标准化、高质量、品牌化酒庄酒发展原则，坚持葡萄种植、葡萄酒酿造、灌装、窖藏过程按照国际葡萄酒生产标准。建立有机、精准农业技术体系，吸引酒庄企业入驻，使其成为世界红酒业百强企业在中国的旗舰店（图 1）。

（2）生态商务区。由客户服务型酒庄及企业集团酒庄总部构成，满足种植、私产、贵族化酒店服务功能，使之成为企业家集团、金融总部的休闲目的地、商务活动集聚区，促进第三产业升级。

（3）休闲旅游区。由 MINI 酒庄试点区和客户服务型酒庄共同构成。结合现有农家院进行升级，建设集汽车旅馆、快捷酒店与传统农家院于一身的，具

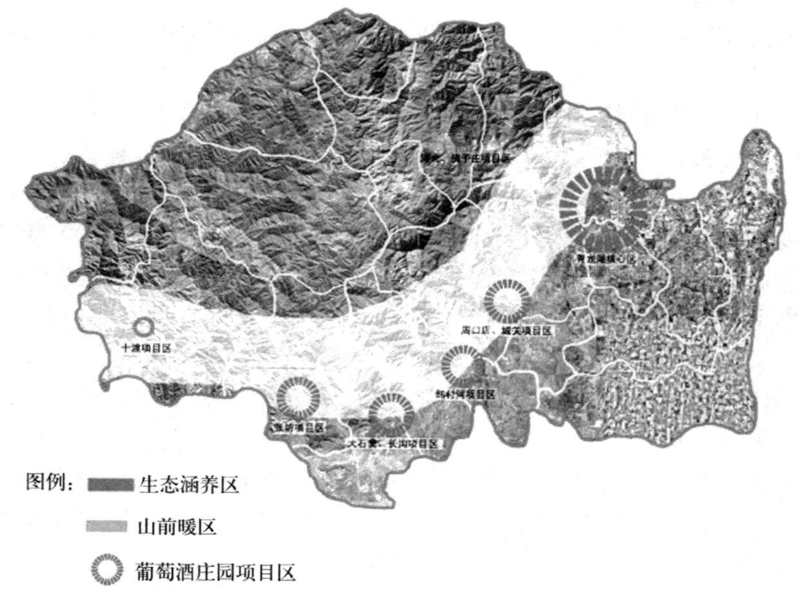

图1　房山［世界·庄］国际葡萄酒庄产业集群规划示意图

备种植、居住、体验、品鉴、采摘、餐饮为一体的新一代农家院。使其成为北京更具竞争力的白领休闲居所。

（4）**酒庄商务会展区——红酒城。**利用北京这一国际城市消费和交易群体特征，建设全国最大的葡萄酒专业交易市场——葡萄酒风情街，专门设置葡萄酒文化长廊、葡萄酒品牌展示馆和葡萄酒交易所，成为国内最大的葡萄酒文化推广中心、品牌展示中心和交易批发集散中心。

（5）**国家级文学艺术创作基地。**葡萄酒庄集群与周边的人文资源、自然资源和旅游资源相融合，吸引国内国际文学艺术创作者聚集，促进交流、沟通、认知和消费，营造“房山品红酒，养心观世界”的良好氛围，使之成为以“葡萄酒文化”为主题的丰富文化内涵，艺术品位高雅的文学艺术创作交流中心。

为保障产业的顺利实施，区政府成立了葡萄酒产业管理委员会，聘请专家顾问团，为葡萄酒产业发展提供技术服务；政府全额投入水源、电源、主路基础设施；协调办理产业发展所需的必要服务设施用地；统一策划宣传推介，提高产品知名度；对通过北京市著名商标、国家驰名商标认证的给予奖励；区相关部门对建设葡萄酒庄给予政策倾斜，优先审批，简化手续，快捷办理。对分管项目实施政策集成，捆绑使用。委托农业部规划设计研究院、国华闻创（北京）农业技术研究中心以及天津华厦大地建筑工程研究院有限公司等9家单位

共同组成的联合规划组进行策划与起步区总体规划。

（三）密云县

1. 发展现状

（1）**地理条件好。**密云得天独厚的气候和地形非常适宜发展酿造葡萄种植，目前已有张裕爱斐堡国际酒庄、优龙红酒庄园、吉马红酒庄园等多个知名企业落户密云，规划建设具有密云特色的红酒庄园产业，可以大力发展葡萄种植基地，指导农民种植适合酿制高品质红酒的葡萄品种，能够形成企业带动农户的循环经济新局面。

（2）**产业发展规模不断扩大。**密云县按照建设首都葡萄产业综合发展示范区总体要求，依托张裕爱斐堡、吉马、优龙、丘比特葡萄酒加工企业聚集优势，大力发展葡萄及葡萄酒产业。涉及巨各庄、太师屯、穆家峪3个镇的14个村。现有葡萄种植面积13 085亩（其中鲜食葡萄9 085亩，酿酒葡萄4 000亩），其中，2010—2011两年栽植面积10 085亩。鲜食葡萄主要品种有巨峰、维多利亚、奥古斯特、夏黑等20余种，酿酒葡萄主要品种为赤霞珠、蛇龙珠等。成熟期从7月上旬到10月底，种植分布在太师屯、巨各庄、穆家峪等8个乡镇。2011年，葡萄总产256万千克，产值1 299万元，2013年成熟期，产量达1 200万千克，产值7 200万元。酿酒葡萄产业基地由企业统一负责葡萄苗木栽植的规划设计，并全程进行跟踪技术指导，栽植用地全部进行土地流转，由大户或合作社统一生产经营，并同葡萄酒业公司实体企业签订产品保护价收购协议，亩产收入比种植常规大田作物收入增加1倍以上。

（3）**结合促进葡萄产业发展。**与服务种植户相结合，成立葡萄产业协会，逐步形成“支部＋公司＋葡萄协会”发展模式。与服务产业发展相结合，成立葡萄产业发展领导小组，加快推进葡萄产品商标注册工作，促进葡萄品牌化发展。与农业综合开发项目相结合，加快水、电、路等设施的建设，优化发展环境；协调水务局及时补充地下水。与产业规划相结合，制订酒乡之路、庭院经济村及葡萄长廊的规划并施工。

2. 发展规划

（1）**加快产业带规划。**密云县大力发展葡萄产业，积极建设首都葡萄产业综合示范区，在新密兴路沿线建设葡萄酒庄园产业带，打造15千米“酒乡之路”。形成“一轴、一带、三区”规划格局。“一轴”，即总计15千米的景观主轴；“一带”，即葡萄种植园、城堡酒庄等系统化葡萄产业聚集带；“三区”，即规划布置前置核心印象区、综合配套服务区、精致乡村生活体验区。

（2）**突出规模效应和品牌效应。**推进张裕爱斐堡国际酒庄扩规工程，力促红酒生产线和红酒展示中心投入使用，引进品牌著名的酒庄及相关企业。

（3）**延伸产业链条。**推进农业深加工产业结构调整，引进与红酒配餐的火腿加工厂和葡萄汁饮料厂，建成集精品农业、农产品加工业、旅游休闲、文化创意发展于一体的产业链条。

（4）**挖掘红酒文化内涵打造品牌。**改造 2～5 个欧式文化村，并对沿线两侧进行异国风情设计和深度绿化，组织特色葡萄酒文化节日活动。

（四）通州区

1. 发展现状 通州区古镇张家湾有着上百年的葡萄种植历史，素有“北京吐鲁番”、“京郊葡萄之乡”的美誉，以种植面积大、品种多、品质好著称。镇内现有葡萄种植面积 7 000 余亩，种有维多利亚、贵妃玫瑰、红双味、巨玫瑰、龙宝、茉莉、红皇后等各式葡萄品种 130 余个。

近年来，张家湾镇以“打造漕运古镇，建设幸福张家湾”为主导，紧密结合北京建设国际化大都市和通州现代化国际新城建设的需要，充分挖掘漕运文化，大力发展现代都市型葡萄文化产业，打造张家湾葡萄品牌。建成了汇集世界各国名优葡萄品种，集观光、采摘、休闲、科普为一体的现代都市型葡萄主题观光园——北京葡萄大观园，成为京郊著名果品生产、研发、深加工基地。随着全镇葡萄产业的发展，以葡萄采摘为主的采摘园遍布全镇。葡香东苑、环美采摘园、瓜厂洪喜采摘园等规模采摘园每年都接待大批游客前来尝鲜。

该镇出产的葡萄已顺利通过了有机果品认证，并先后获得了北京第三届农博会精品奖、第五届北京国际科技博览会金奖、中国国际林业产业博览会金奖。其中，贵妃玫瑰、黄意大利、美人指、奥古斯特等 9 个品种的葡萄还连续三年被评为奥运推荐果品，粉红亚都蜜、维多利亚、里扎马特 3 个品种被评为“中华名果”。

2. 葡萄酒庄发展情况

（1）**北京通州宋庄镇大运城堡酒庄。**大运城堡酒庄建成至今有 5～6 年时间，总投资 1 亿元，引进葡萄优新品种 103 个、葡萄酿造品种 16 个，并与中国科学院、中国农业科学院、中国农业大学等建立技术协作关系。葡萄全为有机产品，不仅有 140 多个国内外最好吃的有机葡萄品种采摘，其中有 50 多个品种市面上见不到；还有一条年生产葡萄酒 50 吨的体验式酿酒生产线已正式投产，包括酒坊车间、地下陈酿、化验室、参观展示及品酒厅等。另外，酒庄还建有 65 个大棚和观光住宿景观屋，消费者通过会员制可吃住在这里，在属

于自己的大棚里，种植自己想要的品种，喝自己酿造的独特品味的干红葡萄酒。

（2）**北京葡萄大观园。**它是集果品生产、休闲度假、观光采摘为一体的市级观光采摘园，是京郊最大的葡萄生产基地——张家湾镇的对外窗口，是无公害、有机葡萄生产基地。北京葡萄大观园占地 3 000 多米^2，种植国内外名特优新品种的葡萄近 50 个品种。该园生产的粉红亚都蜜、维多利亚、里扎马特 3 个品种还被评为“中华名果”。目前以采摘为主，一年四季均有葡萄可采摘。

（五）大兴区

1. 地理条件　大兴区葡萄种植以采育镇为主。采育镇位于北京东南郊，是京津塘高速路高新技术产业黄金链环的重镇之首。面积 71.6 千米^2，辖 55 个行政村，3.2 万人。该镇历史悠久，古为外埠进京要道，今为北京市中心镇之一，尤其是采育的葡萄产业，在北京乃至全国也小有名气，有“京南吐鲁番”的美誉。

采育镇位于北纬 40°，气候、水土等自然条件与世界著名的葡萄之乡——法国波尔多非常相似，十分适合葡萄的生长。采育葡萄品质较好，含糖量高，果形匀称，口感好，是京郊主要的葡萄产区，并有上百年的种植历史。目前，全镇种植葡萄 2 万亩，是北京市较大的葡萄种植基地，已进入盛果期的 1.2 万亩葡萄，平均亩产 1 500 千克，亩收入达 3 000～3 500 元，总产值 3 000 万元，占全镇农业总产值 18 295.6 万元的 16.4％，年产量超过了 1 500 万千克。特别是有百亩面积的玫瑰香葡萄园，葡萄果粒匀称，甘甜不腻，据有关专家考证，该园是目前北京面积最大、历史最悠久的玫瑰香葡萄园。

2. 主要措施

（1）**组织开展大规模的葡萄种植技术指导培训，为葡萄产业的健康发展奠定良好的基础。**农业科研院所与采育镇葡萄种植农户之间已形成良好的互动关系，一方面，科研院所、专家们的技术力量保障了农户增产增收；另一方面，广大农户的生产实践极大促进了林业科研成果的应用和研发。采育林业站作为该镇葡萄产业的龙头，集科研、示范、推广于一体，自主经营了示范基地 500 亩，并已取得了有机果品转换证书。基地现育有葡萄品种 70 余个，已在该镇种植农户中成功大面积推广陆地种植品种就有 20 余个；同时，园内还建成了本市最大的葡萄延迟采摘棚 20 亩，日光温室 10 亩以及一座育苗棚，每年可向农民提供优质葡萄幼苗 100 多万株。通过丰富种植品种延长葡萄的采摘时间，同时根据不同品种成熟时间的差异，形成早、中、晚几大系列，拉长采摘周期，最大限度地提高了土地利用率和农民的收入。

（2）坚持走都市型现代林业发展道路，推进全镇葡萄产业的特色化、规模化、专业化、品牌化建设。采育镇把观光采摘作为全镇葡萄产业的发展之路，针对葡萄这个本地林业产业中的特色产品，深入研究开发产品的广度和深度，力争做到由数量规模增长向质量效益提高转变，由传统粗放管理向现代集约经营转变，由一般普通产品向唯一特色产品转变。近几年来，采育镇连续举办了葡萄文化节和葡萄擂台赛等活动，发展本地观光农业，延伸产业链。这些举措极大地增加了农民的收入。

（3）主动发挥政府职能，利用部门优势在产业发展中担当“统筹”的大角色。镇林业站根据市场变化、农民实际需求，及时地向农民发布市场信息，包括产品国内外价格变动情况、国家新近出台的产品质量标准、与产业相关的新技术、新品种、国内外同行业发展情况，让种植户视野放宽、心中有数，同时逐步培养农民的市场风险意识，更有利于他们对政府相关政策的理解，减少政府主管部门和农民之间可能会发生的利益冲突。同时，不断完善葡萄产业经营关系的利益连接机制，由镇政府制定相应政策，通过灵活多样的形式让企业与农户建立相对稳定的购销关系，使农民从产业化经营中得到更多实惠；一旦出现市场风险，政府部门将根据情况制订保底价格，以此保障农民和企业的利益。

（4）新建北京采育葡萄观光园。规划总面积 3 000 亩，拟在葡萄专家的指导下引进、示范、推广优良葡萄新品，发展葡萄设施栽培，延长葡萄上市供应时间，推广标准化无公害优质生产技术。园区将建设并完善水、电等基础设施，建立葡萄质量和产后处理研究室及相应试验检测设备。另外，葡萄展厅、生态餐厅、技术培训中心、仿古长廊、景观大门等相关设施也将配套兴建，总建筑面积将达到 4 000 米^2。

（5）举办葡萄文化节。2001 年，采育镇根据大兴区委、区政府“以文化立形象，以情结聚人气，以展示育商机”的办节宗旨，达到“展古镇风貌，扬葡萄文化，促经济发展，富采育人民”的目的，于 8 月 18～27 日举办了首届北京大兴采育葡萄文化节，节日期间，旅游、观光、采摘和慕名前来洽谈项目的客商云集采育，人们欣赏到了十里葡萄长廊的美景；品尝了亲手采摘的鲜美葡萄；亲手酿制葡萄鲜汁；现场制作葡萄盆景；夜晚，参加葡萄酒会，和着月色品味“葡萄美酒夜光杯”的美好感受；游客与老农在葡萄架下共话农事，追忆往昔岁月，在享受欢娱的同时，体会到了回归大自然和向往新生活的朴实的文化内涵。自 2001 年第一届北京大兴采育葡萄文化节至今，采育镇已接待游

客200余万人次。

3. 主要成效

(1) 葡萄产业已成为采育镇的主导产业。从采育每年接待游客人次和旅游收入来看，葡萄产业发展不仅带动了全镇4 300户的农民种植，还形成了企业带基地、基地带农户的产销一条龙的葡萄产业化格局。采育镇通过推广葡萄种植技术、引进葡萄新品种、依托葡萄旅游采摘、打造葡萄文化等手段，把小葡萄打造成大产业。

(2) 观光采摘让农民收益。优质葡萄使葡萄采摘成为采育镇旅游的重要内容。通过新品种的引进，园中的葡萄成熟期从6月延续到10月。采育镇还建立了40亩葡萄延迟采摘大棚，采摘期从每年的5月下旬开始延续到12月下旬。延迟栽培技术的应用，提高整体效益50%以上。

(3) 葡萄种植带动了其他产业发展。大力发展民俗旅游，用旅游整体形象和特色项目主题来驱动旅游产业链条的升级。通过进行旅游软硬件建设，采育镇已拥有4个市级民俗旅游村、158个民俗旅游接待户。采育镇还新建3个葡萄酒庄园、1个红酒聚集区，为游客亲手酿制葡萄酒提供了活动场所。此外，采育还引进葡萄深加工企业，延伸葡萄产业链条，积极推进葡萄生产的产业化。同时与北京丰收葡萄酒有限公司合作，建立了6 500亩的酒用葡萄生产基地，酿造出了80余个品种、品质优良的“丰收”牌葡萄酒，酒中的白藜芦醇含量达到国际最高水平。

(六) 平谷区

在平谷，葡萄属小树种之一，面积有1 200多亩，年产量100万千克，主要集中在平原地区的官庄、中桥、河北、二条街、东鹿角、东高村、鲁各庄、龙家务、新农村和地处山区的金海湖镇的上宅、晏庄村等温室栽培、小规模露地栽培以及各乡镇一些农户的庭院栽培，主要品种有玫瑰香、龙眼、无核白、牛奶、早玛瑙、京秀、京玉、滕稔、奥古斯特、维多利亚、里扎马特、红地球、美人指和巨峰等。

近年来，平谷区已开始发展庭院葡萄经济和酿酒葡萄基地建设，成为农民增收致富的又一新型产业。平谷葡萄种植村中以大兴庄镇鲁各庄村的露地红提采摘园最大，面积达300亩，种植的葡萄品种也较为丰富，有红提、里扎马特、分红亚都密和奥古斯特等品种，全部使用优质有机肥，不施化肥，套袋管理。游客在采摘的同时，还可品尝到主人自酿的葡萄酒。位于平谷西南地区的马坊镇河北村的120亩葡萄园，则全部为设施种植，承包给农民经营，不仅品质优，而且比露地种植提早上市近 2 个月，销售到北京的许多大型超市。

2009 年年初开始，由平谷镇与北京仙人岛园林绿化有限公司共同投资 9 000万元兴建的鹿角湾葡萄文化生态观光园已投入建设。该园区位于平谷镇西鹿角村西，以高新农业设施为主体，分为综合服务、四季葡萄种植等四个功能园区和一个滨水景观区。其中，建设标准葡萄生产园 200 亩，种植了 100 个品种的高品质、无公害食用特色葡萄。

（七）其他区县

海淀、石景山、朝阳区考虑到城市建设，葡萄生产适度发展。种植面积较小，主要分散在一些采摘园里。

顺义区葡萄面积已达 1.3 万亩，主要集中在大孙各镇。

三、北京葡萄酒市场分析与存在问题

（一）北京葡萄酒市场分析

北京目前已经成为全国葡萄酒消费最大的城市之一，是众多葡萄酒品牌云集之地。据调查，北京葡萄酒市场容量为4.4亿升左右，葡萄酒消费量正以每年20%左右的速度增长，北京葡萄酒市场销售额可达10亿元左右，其中终端销售额占7亿元左右。

在北京市场，国内葡萄酒品牌应有尽有，销售也都不错，尤其是华夏长城、沙城长城明显领先于其他葡萄酒产品，主流价位在38～100元。

1. 北京葡萄酒市场特点 北京葡萄酒市场主要销售渠道以餐饮、商超、夜场为主，烟酒店、批发市场等为辅。在餐饮、商超、夜场主要采取买一赠一、捆绑赠送、特价、套餐等促销方式。北京葡萄酒尚未形成细分格局，随意购买者比较多，且多受促销影响，价格往往成为购买与否的主要因素。北京消费者品牌意识很强，非常注重产品品牌。由于消费人群、消费层次、消费习惯的差异，商超、餐饮、夜场消费表现出不同的特点。

在餐饮业的销售过程中，西餐厅和一些以南方特色菜为主的餐厅葡萄酒的销量一直占首位，各品牌以不同的优势大显身手。在各大超市中卖的比较好的葡萄酒，还属长城、张裕、龙徽、丰收等知名老品牌。在北京夜场，洋酒加快了占领市场份额的速度，国内葡萄酒销售总额不过3 000万元，在夜场国内葡萄酒以长城品牌为主。

2. 主要葡萄酒经销商 目前北京葡萄酒经销商有1 000多家，年销售额超过1 000万的经销商比较多，如朝批、江成阿继、东海鑫业等。其中，外国酒的代理商名特公司，从公司成立开始一直到现在销量都处于上升阶段。北京ASC销售额在3 000万元左右。除以上代理商之外，富龙、捷成、人头马、中粮等10多家代理商销售额约有2 000余万元。

3. 主销品牌现况 洋酒的市场地位虽然不断提高，但国产酒仍然是消费的主流。同时，在作为“主战场”的商超，各种品牌为了在此占有一席之地，都不同程度地采取了各种策略。

华夏长城 1998 年在北京市场出现后，从流通渗透、自然销售起步做到今天京城无人置疑的“老大”。沙城长城是最早出现在北京市场的，曾占据了北京 80%的市场份额，目前销量仍比较可观。烟台长城近几年来在乡镇市场的开拓上取得了一定的成绩。

张裕一直走势稳定，居京城第三。王朝葡萄酿酒有限公司近些年市场表现不佳，不管是在商超还是在餐饮都有下降趋势。威龙则依靠低价销售策略，10～20 元的产品成为商超主要品牌，销售额也居高不下。龙徽一直被国外消费者认可，星级酒店走势很好。

4. 发展趋势 北京葡萄酒行业从 2003 年以来，开始进入快速发展阶段，产品逐渐向高端化过度，并且到现在已经在产品高端化方面形成了一个比较完整的品牌——产品布局。其中，葡萄酒企业高端化过程中，高端酒的营销方式也进入了企业的视线。大规模的宣传与推广葡萄酒，将随着竞争激烈程度的加剧应运而生。

业内人士指出，国内葡萄酒市场已经过了填补市场—市场大战—品牌竞争这样的阶段。葡萄酒市场进入稳定的发展期之后，企业的竞争将从产品差别、价格战，彻底进入品牌竞争阶段。随着进口洋酒的进入，北京葡萄酒市场竞争越来越激烈。业内专家建议，国内葡萄酒企业现阶段应努力提高自主创新能力，着力打造强势品牌，积极引进国际先进的管理、技术等经验。现阶段，北京葡萄酒消费者随着对葡萄酒消费知识等的普及，消费理念在慢慢成熟，质量在未来将成为北京葡萄酒市场竞争制胜的主要基础，葡萄酒市场将进入质量竞争时期。

（二）中国葡萄酒主销区（直辖市）市场分析

北京、上海、天津、重庆 4 个直辖市是全国葡萄酒消费的前沿阵地，他们的葡萄酒消费特点基本代表了某一区域的整体特征，在某种程度上反映出我国葡萄酒市场的变化及趋势。“窥一斑可见全豹”，通过对直辖市葡萄酒市场现状的了解分析，找出进攻重点市场的“金”钥匙，从而打开成功之门。

1. 北京——看重身份

（1）**产品。**长城、张裕、龙徽、丰收。

（2）**竞争。**餐饮领域主要是长城品牌内部竞争，其他品牌竞争体现在不同销售渠道上。

（3）**潜力。**团购、商务活动等领域对葡萄酒消费的需求会与日俱增。

（4）**市场概述。**近两年，北京市餐饮消费比例不断扩大，餐饮业零售总额

迅速增加，餐饮市场的不断升温使葡萄酒在餐饮终端走量上升，尤其是在以潮州菜、粤菜、海鲜等为主的高档餐饮店，消费者对红酒的接受程度非常高，葡萄酒销售额已占到整个北京市场比重的30%以上。在北京的餐饮终端，也活跃着诸多品牌葡萄酒，其中长城的市场占有率最高。沙城长城在北京拥有稳固的市场地位，其销售公司移师北京后，加大了多种渠道投入，销量稳步提升；华夏长城自2004年6月以来，投资2 000万元打造以北京为代表的华北区销售网络，将竞争门槛不断抬高。

（5）**综合评价。**北京是全国的政治文化中心，其消费较为看重身份象征。随着国际商务交往的增加，高端场合对于葡萄酒的需求量不断加大。这种高端场合葡萄酒消费的增多以及葡萄酒整体消费环境的培育形成，带动了企、事业单位对葡萄酒的团购需求，最终影响到个人消费者。

2. 上海——注重品质

（1）**产品。**王朝、华夏长城、张裕、皇轩、通化。

（2）**竞争。**华夏长城与王朝对峙，逼抢大量市场份额；国产葡萄酒与进口葡萄酒之间的竞争加剧；洋酒已形成强大冲击力。

（3）**潜力。**正在崛起的年轻白领阶层消费和老年人经常性及礼品消费。

（4）**市场概述。**上海的葡萄酒消费量以每年15%左右的速度增长，目前是全国葡萄酒消费量最大的城市之一，显示出了独特的葡萄酒市场发展潜力。消费者对葡萄酒认识的不断加深，使其逐渐成为人们餐桌上必不可少的饮品，与此同时，上海周边以及整个华东地区的葡萄酒消费量记录也被不断刷新。

（5）**综合评价。**上海是全国的经济中心，发达的经济水平和外商投资企业使上海的葡萄酒市场相对成熟，同时也拥有较多具有葡萄酒专业消费水平的消费者。葡萄酒的品牌和品质是这些消费者所注重的，故以品牌为主线，着重个性化品质对占据未来市场先机具有积极作用。

3. 天津——讲究习惯

（1）**产品。**王朝、张裕、威龙。

（2）**竞争。**其他品牌与王朝的竞争以及其他品类与葡萄酒的竞争。

（3）**潜力。**夜场领域尚待挖掘，品牌葡萄酒消费群体的形成会进一步扩展葡萄酒市场。

（4）**市场概述。**天津葡萄酒市场，王朝占据主导地位。但作为直辖市的天津，开放程度较高，受多元文化影响，消费需求也呈现出多元化，葡萄酒较之白酒、保健酒、挂月果酒等品类，所拥有的习惯性消费者较少，所占消费空间略少。

（5）**综合评价。**天津是一个中西文化融和较多的城市，也同时拥有许多忠于某种习惯偏好的消费者。王朝的根据地虽然设在此地，但天津市场的葡萄酒消费量却并未因此而表现突出。因此，在这种多元化消费环境下，强势企业应进一步扩大强势品牌的深度影响力，借助品牌影响力带动品类消费，培养起消费者消费葡萄酒的习惯性，从而实现整个产业消费环境的形成。

4. 重庆——追求时尚

(1) **产品。**长城、张裕。

(2) **竞争。**一线品牌平分秋色，基本垄断主流市场。

(3) **潜力。**中等收入水平的消费者可发展成为二线品牌的主力消费群体。

(4) **市场概述。**重庆市场的葡萄酒品牌众多，以长城、张裕为主流，各个走货渠道品牌分明；茅台葡萄酒在2004年年底开始发力，使二线品牌的市场格局尚存变数；洋酒近来逐渐加大夜店投入，市场占有率不断攀升，呈现出迅速扩张的趋势。

(5) **综合评价。**长城、张裕占据了重庆葡萄酒市场大部分的份额，但仍能见到较多的二线品牌，如云南红、新天、西夏王、莫高、香格里拉·藏秘以及茅台葡萄酒等。只是这些二线品牌多为昙花一现，风光一两年即"退隐江湖"，少有较长时间稳定在此地，新天、云南红、莫高等基本都如此。除自身的经营思路外，重庆人休闲的生活方式，追求时尚的生活态度，也在一定程度上加速了二线品牌的这种更迭变化。因此，在强势品牌笼罩下，分离出目标消费者，并抓住其消费特点推广适应产品，是这些二线品牌采取差异化市场策略的关键所在。

(三) 北京葡萄酒消费市场调查分析

在葡萄酒市场竞争中，谁掌握了消费者的消费心理和消费习惯，谁就掌握了开启市场的金钥匙。消费者饮用葡萄酒的习惯是怎样的，饮用葡萄酒的原因是什么，他们对葡萄酒品牌的认知如何？北京农学院葡萄酒产业调研课题组于2012年1月10～16日对500位北京市民进行了调查访问。

1. 不同年龄段的消费需求不一 调查结果表明，从总体上看，约有6成的消费者饮用葡萄酒的原因是出于"在特定场合下，调节气氛和氛围"，约有2成的消费者出于"保健作用"而饮用葡萄酒，如图2所示。但是如果从年龄上的角度对消费者进行细分，则会发现饮用目的随年龄的不同有着显著的差别。分析表明，在35岁以下的消费者中，62%的消费者饮用葡萄酒是追求一种情调和氛围，甚至是当饮料喝，而出于保健目的饮用的人数比例并不大，如表1所示；随着年龄的上升，消费者出于保健目的而饮用葡萄酒的人数比例则

越来越大。36～55 岁的人群中，追求情调和因保健目的饮用葡萄酒的比例已经大体接近，分别为 36.4％和 43.6％；而在 56 岁以上的人群中，出于保健目的而饮用葡萄酒的比例则超过了半数，达 56.3％。而且在这个群体中，“嗜酒者”的比例也比较多，有 12.5％的人表示饮用葡萄酒就是因为“喜欢喝”。

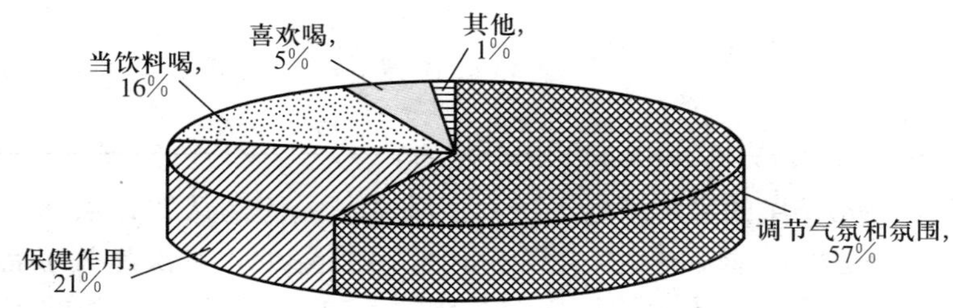

图 2　消费者饮用葡萄酒的原因

表 1　消费者饮用葡萄酒的原因（分年龄段）（％）

原　因	18～35 岁	36～55 岁	56 岁以上
保健作用	14.4	36.4	56.3
当饮料喝	18.1	10.9	
调节气氛和氛围	62.0	43.6	31.3
喜欢喝	4.6	5.5	12.5
其　他	1	3.6	

2. 不同年龄段饮用葡萄酒的场合不一　有朋自远方来不亦乐乎，朋友相聚自然免不了美酒相待。统计显示，朋友聚会和平时在家饮用是饮用葡萄酒的主要场合，如图 3 所示。交叉分析结果表明，半数左右的年轻人主要在朋友聚会时饮用葡萄酒。随着年龄的升高，社交活动的减少，年长者在朋友聚会饮用葡萄酒的比例逐渐降低，而在家里饮用葡萄酒的比例则呈明显上升趋势。

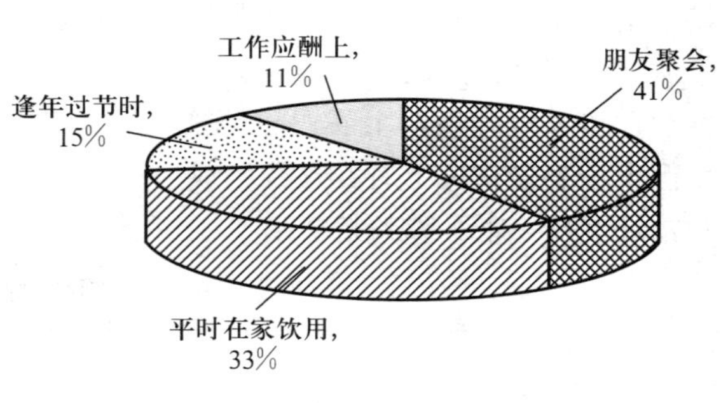

图 3　葡萄酒饮用场合

值得注意的是，虽然半数年轻人主要是在朋友聚会是饮用葡萄酒，但是在

18～25 岁和 26～35 年轻人中仍然有 20%～30%的消费者表示主要饮用葡萄酒的场合是“平时在家饮用”（表 2）。

表 2 消费者主要饮用葡萄酒的场合（%）

场 合	18～25 岁	26～35 岁	36～45 岁	46～55 岁	56～65 岁
朋友聚会	51.30	42.20	22.90	20.00	8.40
平时在家饮用	22.10	29.40	48.60	60.00	58.30
逢年过节	14.20	14.70	11.40	20.00	33.30
工作应酬	12.40	13.70	17.10		

3. 葡萄酒市场中的品牌酒畅销 对于葡萄酒品牌的认知是从 3 个层次进行研究，首先是对品牌认知度（无提示情况下的认知），其次是关于品牌美誉度研究（消费者心目中认为的最好的品牌），再次是葡萄酒品牌的市场表现（消费者购买和喝过的品牌）。

研究结果表明，消费者对于葡萄酒品牌的认知度、美誉度和最终实际购买行为存在一定的相关性。长城、张裕、王朝、中国红可谓“名”（消费者对葡萄酒品牌的认知度、美誉度）、“利”（消费者的实际购买情况）双收，如表 3 所示。同时对比品牌认知度、美誉度、市场表现 3 个指标可以发现不同的品牌存在一定的差异（表 3～表 5），长城葡萄酒和张裕葡萄酒在“市场表现”指标上存在的差距不大，但长城葡萄酒在“认知度”和“美誉度”这两个指标上均优于张裕葡萄酒。总的讲，长城和张裕基本上处于京城葡萄酒市场上的主导地位。相对而言，认知度不足的品牌包括：通化、千禧、龙徽、夜光杯；美誉度明显不足的品牌包括：丰收、威龙、民权五丰、野力。

从北京当地出产的葡萄酒品牌来看，中国红无疑是最成功的；其次，千禧葡萄酒在市场表现指标上看，也算成功；丰收葡萄酒虽然美誉度存在一些问题，但市场表现指标上看，还比较成功；但龙徽、夜光杯则处于知名度、美誉度、市场表现三低的尴尬境界。

表 3 首先提及到的品牌

品 牌	百分比（%）	品 牌	百分比（%）
长城	39.7	千禧	2.5
张裕	29.4	龙徽	2.1
中国	7.8	野力	2.1
王朝	6.4	丰收	1.1
通化	2.8	夜光杯	0.7

（续）

品　牌	百分比（%）	品　牌	百分比（%）
威龙	0.7	西域	0.4
凉州皇台	0.7	其他	3.1
民权五丰	0.4		

表 4　认为最好的品牌

品　牌	百分比（%）	品　牌	百分比（%）
长城	41.8	龙徽	1.4
张裕	23.7	威龙	1.4
中国红	11.5	民权五丰	0.7
王朝	5.6	凉州皇台	0.7
丰收	3.1	夜光杯	0.3
野力	2.8	西域	0.3
通化	2.4	其他	2.0
千禧	2.1		

表 5　购买过的品牌

品　牌	百分比（%）	品　牌	百分比（%）
长城	63.4	威龙	9.4
张裕	58.9	夜光杯	8.0
中国红	29.6	龙徽	5.6
王朝	21.6	民权五丰	1.7
千禧	21.6	西域	1.4
丰收	18.8	凉州皇台	0.7
通化	13.6	其他	6.1
野力	13.2		

4. 消费者最喜欢的葡萄酒产地　单从葡萄酒的产地来看，山东烟台出产的葡萄酒是消费者的首选；同时消费者对于北京当地出产的葡萄酒也有一定好感，这也许可以解释为什么丰收等品牌虽然认知度和美誉度比较低，但市场表现还可以。天津虽然是王朝葡萄酒的产地，但消费者对天津的认同程度并不高（图 4）。

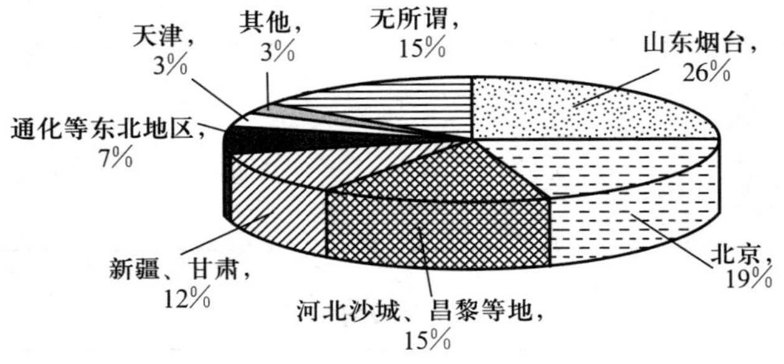

图 4　消费者最喜欢的葡萄酒产地

5. 消费者平均每月饮用葡萄酒的次数　总体上看，消费者每月饮用葡萄酒的次数为 5.29 次。但不同类型的消费者饮用的频次存在一定差异：把葡萄酒作为保健饮品的消费者属于高频次消费者，每次消费的次数高达 8.49 次（图 5）。虽然出于调节气氛和氛围是饮用葡萄酒的消费者比例最高，但这部分群体并非高频次饮用群体。

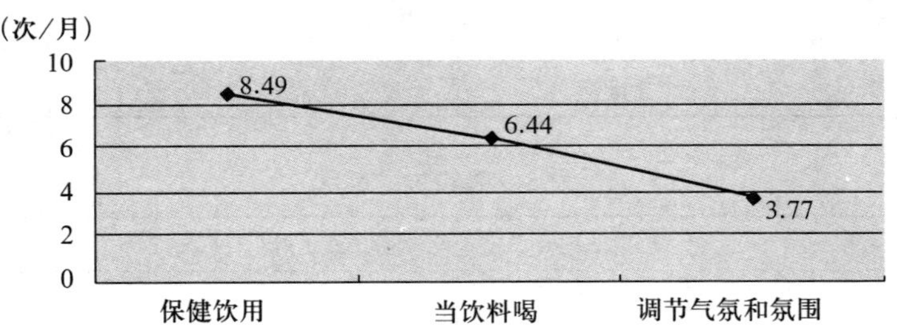

图 5　每月的饮酒次数（按饮用目的细分）

从饮用场合上将消费者进行划分（图 6），可以发现，平时在家饮用群体每月饮用葡萄酒的频次最高，其次是工作应酬的消费群体。

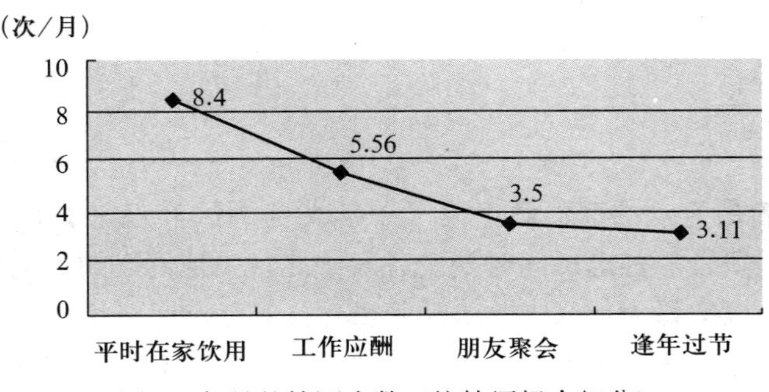

图 6　每月的饮酒次数（按饮用场合细分）

从饮用不同种类葡萄酒的角度对消费者进行划分（图 7），可以发现：饮用干红的消费者群体的饮用频次最高。

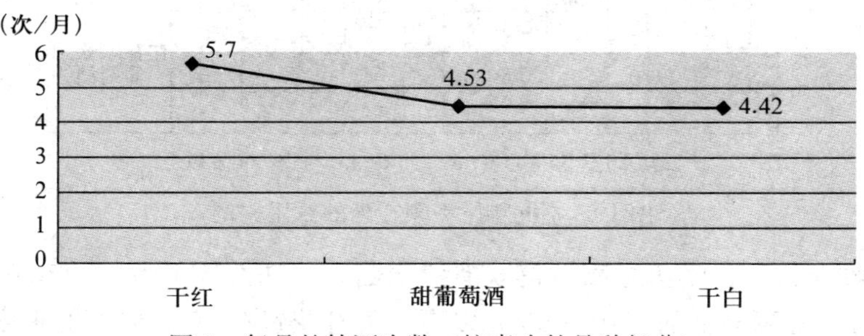

图 7　每月的饮酒次数（按喜欢的品种细分）

从饮用不同价格葡萄酒的群体来看，饮用 20 元左右的消费者的饮用频次最高（图 8）。

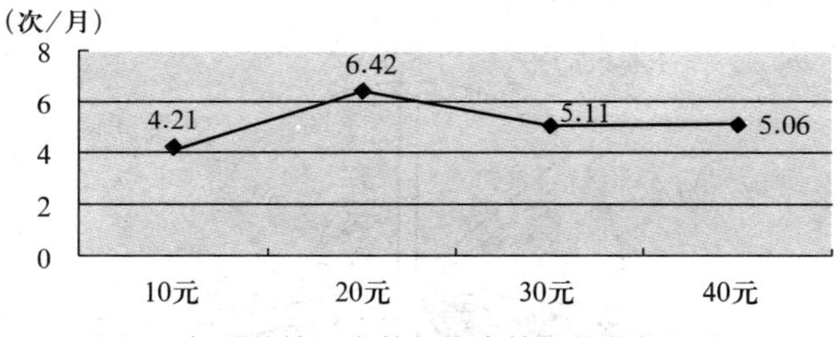

图 8　每月的饮酒次数（按常饮用的价格细分）

6. 在家饮用和在外饮用的比例接近 1∶1　总体上，消费者在家饮用和在外饮用葡萄酒的比例接近 1∶1（图 9），但男性在外饮用比例略高于在家饮用比例，而女性在家饮用的比例则略高于在外饮用比例。同时，随着消费年龄的上升，在家饮用的比例也呈上升趋势，尤其是 46 岁以上的消费者在家饮用的比例占绝大多数（图 10）。

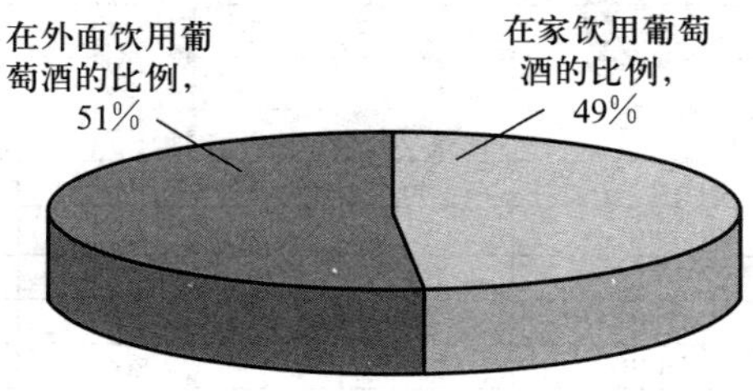

图 9　消费者在家饮用和在外饮用的比例

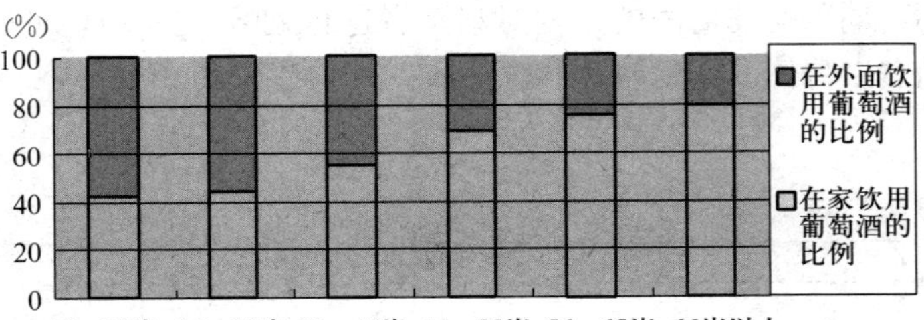

图 10　不同年龄在家在外的饮用比例

7. 收入越多，学历越高越喜欢消费葡萄酒　从总体上看，约有 60%的消费者每月在葡萄酒上的花费在 50 元以下。每月花费在 80 元以上的重度消费群体所占的比例仅 1/4 略多（图 11）。

随着消费者文化水平的上升，每月在葡萄酒上花费的呈上升趋势（图 12）；特别是随着消费者收入水平的上升，消费者在葡萄酒上的花费的上升趋势表现得更为显著（图 13）。

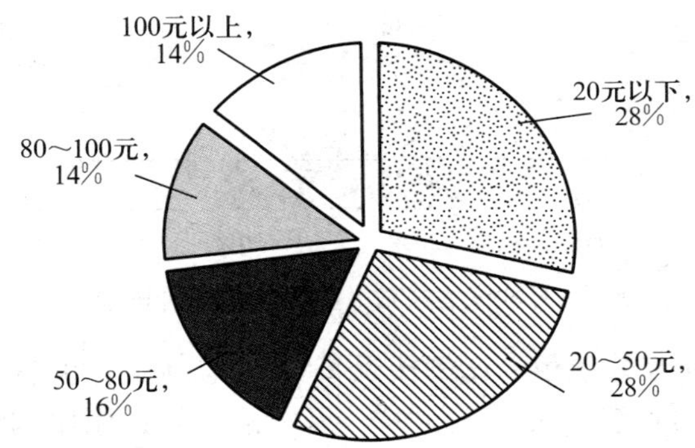

图 11　消费者每月在葡萄酒上的花费情况

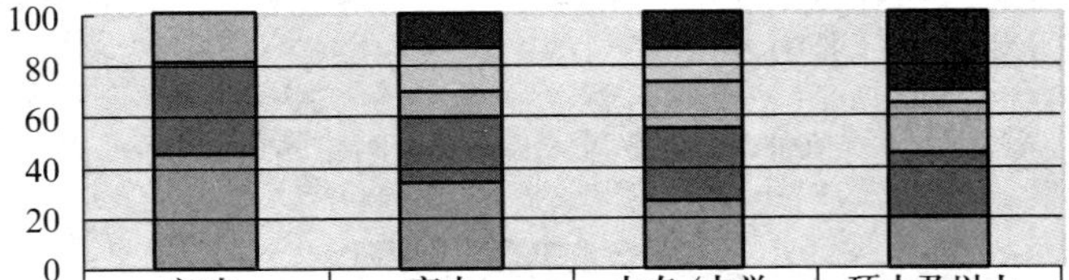

	初中	高中	大专/大学	硕士及以上
100元以上		12.50	13.40	30.00
80～100元		18.10	13.40	5.00
50～80元	18.20	9.70	18.40	20.00
20～50元	36.30	25.00	28.50	25.00
20元以下	45.50	34.70	26.30	20.00

图 12　不同文化水平消费者每月在葡萄酒上的花费（%）

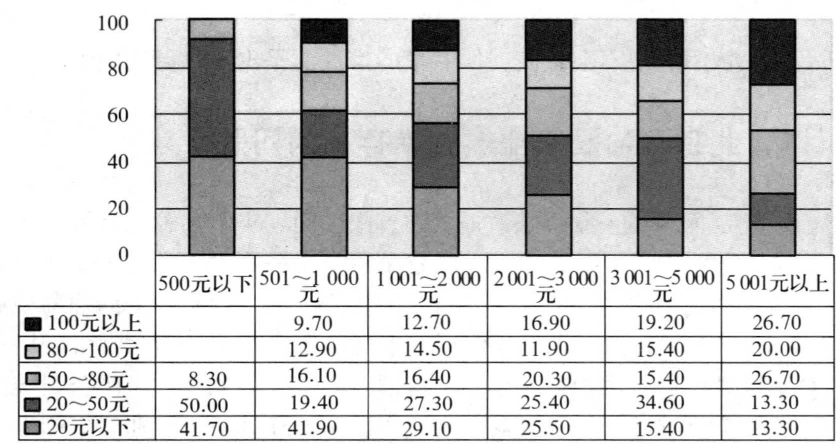

	500元以下	501～1 000元	1 001～2 000元	2 001～3 000元	3 001～5 000元	5 001元以上
100元以上		9.70	12.70	16.90	19.20	26.70
80～100元		12.90	14.50	11.90	15.40	20.00
50～80元	8.30	16.10	16.40	20.30	15.40	26.70
20～50元	50.00	19.40	27.30	25.40	34.60	13.30
20元以下	41.70	41.90	29.10	25.50	15.40	13.30

图 13　不同收入水平消费者每月在葡萄酒上的消费（%）

8. 葡萄酒消费量预测

（1）超过半数的饮酒者不会改变饮酒量，未来半年饮酒量会增加者要多于减少者（37.2%、6.5%，见图 14），过去半年饮酒量会增加者要多于减少者（38%、9%，见图 15）。

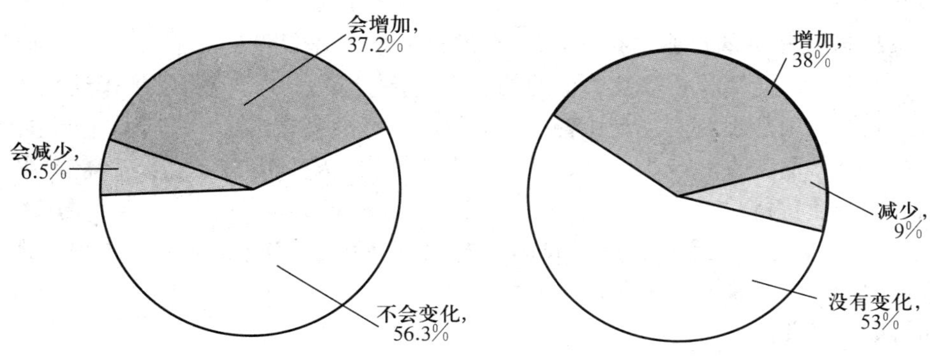

图 14　未来半年饮酒量变化情况　　　图 15　过去半年饮酒量变化情况

（2）人均月饮酒量呈增长态势，未来半年内人均月饮酒量将增长 7.6%（图 15），达到 919 毫升。

（3）北京和西安两地未来葡萄酒的消费增长率高于其他城市，福州增长率最低。

（4）具有保健作用是被访饮酒者增加葡萄酒饮用量的最主要原因。

（5）受季节影响和家里财力不够是被访饮酒者减少葡萄酒饮用量的主要原因。

（6）被访饮酒者中不会改变现饮酒量的最主要是出于对健康的考虑。

（四）北京葡萄酒产业发展中存在的问题

目前，北京葡萄酒企业有龙徽葡萄酒有限公司、丰收葡萄酒有限公司、波龙堡酒庄葡萄酒有限公司、北京丘比特葡萄酒有限公司在北京密云、房山、海淀和大兴等生产葡萄酒 15 000 升，占全国产量的 4%，但是，酿酒葡萄种植基地只有不到 10 000 亩。最近，全国十大葡萄酒企业的张裕葡萄酒有限公司、华夏长城葡萄酒有限公司、御马葡萄酒有限公司、吉马葡萄酒有限公司等都到北京考察和建立基地，设计档次高，显示了北京酒庄葡萄酒产业良好的发展态势。但是，目前，北京葡萄酒产业也存在许多问题。

1. 缺乏全市葡萄酒产业发展规划 随着对葡萄酒需求的日益增加，北京的一些优质葡萄产区纷纷出台发展酿酒葡萄及发展葡萄酒庄的政策，并进行了产业发展规划。像延庆、房山、怀柔等区县都出台了相关产业规划，但是对北京地区发展葡萄酒产业的整体规划却迟迟没有出台。而葡萄酒产业中的酿酒葡萄种植是葡萄酒产业发展的关键。从长期来看，这极有可能造成将来行业内的恶性竞争，不利于资源的有效配置，不利于优化产业布局。

2. 缺乏相关的产业扶持政策 葡萄酒产业是一个涉及一、二、三产业的综合产业，产业链长，涉及管理的相关政府部门多。目前产业的规模还较小，管理问题还未显现；但是，随着产业的发展，将会突显出来；此外，葡萄酒产业是一个直面三农的产业，对北京郊区产业结构调整具有重要意义，需要制定相关的产业扶持政策。

3. 科技支持不足 目前，我国以及北京在该领域的科技投入微乎其微，科技的投入主要来自于企业，而葡萄酒产业是一个高科技的产业，政府的支持和帮助是必要的。

4. 起步晚，建设速度慢 一是受建设用地指标及审批程序等政策限制，北京市建设速度较慢，没有形成规模，酒庄产业仍处于起步阶段。二是缺乏知名品牌企业，尚未引进在全国甚至在全世界葡萄酒行业中占有一席之地的知名企业。三是产业链条短。葡萄酒庄文化氛围和休闲旅游业相融合的局面尚未形成。

5. 酒庄建设用地审批难度大 由于高端葡萄酒产业在北京市方兴未艾，酒庄占地范围内没有建设用地，建设用地的取得需要重新调整土地利用规划，

新城规划以及镇域规划，需要有关部门就具体规划进行修编。因环节较多，造成进度较慢，影响酒庄的工商注册和建设积极性。

6. 葡萄酒文化建设滞后 葡萄酒是一种文化，是时尚和品味的象征，葡萄酒庄建设其实就是葡萄酒文化的推广。应大力宣传葡萄酒、特别是酒庄酒的文化内涵，营造高端葡萄酒庄氛围。

7. 准入标准尚未出台，行业规则急需建立 目前，北京市尚未建立葡萄酒庄行业协会，更没有出台有约束力的红酒行业规章制度。

四、我国主要酿酒葡萄产区

（一）环渤海湾沿海区

该产区酿酒葡萄种植历史悠久，集中了中国葡萄酒生产骨干企业，该地区按照行政区划，包括以下地区。

1. 山东半岛地区 山东半岛葡萄酒产区主要包括：蓬莱、平度以及莱州、龙口、招远等地区。胶东半岛三面环海，气候良好，四季分明，由于受海洋的影响，与同纬度的内陆相比，气候温和，夏无酷暑，冬无严寒，无需埋土。活动积温为>4 000 ℃，日照时数为 2 852 小时，年降水量为 500～700 毫米。胶东半岛地区的主要气候特点：在温度方面，半岛西部高于东部，北部高于南部，沿海高于内陆，其中莱州、平度、蓬莱、龙口是高温区，年平均气温 12.0～12.6 ℃。其降水量在东部地区较多，西部的大泽山、莱州、龙口、招远、蓬莱的降水量较小。日照量从半岛东部沿海向西北丘陵山地呈递减趋势。

胶东地区的烟台是中国近代葡萄酒工业的发祥地。早在 1892 年爱国华侨张弼士先生就在此创建了张裕葡萄酒公司，开始生产葡萄酒。该地区企业除张裕以外，近几年烟台威龙葡萄酒股份有限公司、华东葡萄酿酒有限公司、烟台中粮葡萄酿酒有限公司、青岛富狮王葡萄酒有限公司等企业也迅速发展起来，使胶东半岛成为我国最大的葡萄酒产区，产量占全国的 40%以上。

2. 河北秦皇岛地区 秦皇岛地区酿酒葡萄种植主要集中于昌黎以及卢龙县。

昌黎县地势由西北最高峰碣石山仙台顶向东南倾斜，地貌有山地丘陵、山麓平原、滨海平原。约 2/3 的酿酒葡萄种植于山地丘陵地带，葡萄园海拔50～350 米，以褐土和棕壤土为主；大约 1/3 分布于山麓平原、海拔 50 米以下的潮土；仅有少量分布于滨海平原。该地区年平均气温 11 ℃，有效积温 3 814 ℃，无霜期内日照时数 1 605 小时，年降水量 638 毫米，其中无霜期内降水量 627 毫米。属于埋土防寒区。

昌黎县有葡萄酿酒企业 45 家，葡萄总加工能力 16 万吨，灌装能力 16 万吨，从业人数千余人。有中粮华夏长城、地王、朗格斯、茅台、越千年、丘比特等品牌。

卢龙县属低山丘陵区地势，北高南低，北部多低山，中部多丘陵，南部大部分是盆地，为燕山沉降带，母岩主要是花岗岩、片麻岩、石灰岩、沙砾岩等，其形成的土壤多为砾质或沙质褐色壤土。葡萄园主要集中于丘陵地带，海拔22～626米。该地区年平均气温11℃，有效积温4 019℃，年日照时数为2 693小时，年降水量676毫米。属于埋土防寒区。卢龙县的主要企业有香格里拉、柳河山庄、红堡等。该地区是酿酒葡萄发展的新产区。

3. 天津地区　天津地区葡萄酒生产主要集中在蓟县以及汉沽区。

蓟县位于天津北部，与河北、北京接壤，酿酒葡萄种植集中在北部的缓坡丘陵地带，属于半山区地貌，海拔200～300米，年平均气温11.5℃，有效积温2 157℃，无霜期内日照时数742小时，年降水量678毫米；多该地区土壤主要以淋溶褐土为主。属于埋土防寒区。汉沽区属于滨海平原地区，该地区海拔1～1.5米，土壤以盐化潮湿土为主，年平均气温11.7℃，有效积温160℃，无霜期内日照时数达1 917小时，年降水量588毫米多属于埋土防寒区。该地区主要葡萄酒企业包括中法合营王朝葡萄酿酒有限公司，年生产规模达6万吨，主要出产"王朝牌"系列产品；另外，该地区规模企业还有天津孟庄园葡萄酿酒有限公司的"华梦"系列葡萄酒。该地区酿酒葡萄种植面积基本稳定，产品的地域特点显著，尤其是王朝出产的玫瑰香半干白风格独特。

（二）环渤海湾内陆区

主要包括山西、河北（怀来、涿鹿县）以及北京地区。

1. 山西晋中太原盆地　年降水量400～500毫米，属于凉温区，年积温3 000～3 300℃，该地区土质为深厚的黄土。该地区代表企业有怡园酒庄。

2. 怀涿盆地　怀涿盆地是中国传统的葡萄种植区。这里昼夜温差大，夏季凉爽，气候干燥，雨量偏少，年降水量372毫米，年平均气温8.8℃，无霜期长达160天。光照充足，年平均光照大于3 000小时，太阳光辐射每平方厘米高达612.37千焦，热量适中，活动积温在3 532℃。该地区为丘陵山地，海拔500米左右，土壤为沙褐土，砾石较多，通透性好。需要埋土防寒。该地区毗邻北京，形成了以长城葡萄酒公司为龙头的20多个企业。长城葡萄酒公司利用当地龙眼品种酿造龙眼干白，开创了中国酿造干型葡萄酒的先河。

3. 北京地区　北京作为中国葡萄酒传统生产地区，一直占据有重要地位，目前葡萄酒生产主要集中于西北部的延庆，西南部的房山以及少量散布于东北部的密云以及南部大兴，拥有龙徽、丰收、波龙堡以及新近建成的张裕爱菲堡等企业。

（三）西北黄土高原区

主要包括宁夏、内蒙古乌海地区、陕西渭北地区以及甘肃地区。

1. 宁夏贺兰山东麓产区 宁夏酿酒葡萄主要集中于贺兰山东麓的永宁、青铜峡、红寺堡县辖区内以及农垦系统。该地区海拔为 1 100 米，红寺堡略高为 1 300 米。土壤主要为风沙土、风沙灰钙土及灰钙土，土壤贫瘠，透水性强。该地区年平均气温 9.1 ℃，有效积温 3 378 ℃，无霜期内日照时数 1 897 小时，年降水量 186 毫米。属于严格埋土防寒区。该地区目前主要以原酒形式供应国内市场，同时也形成了贺兰山、西夏王、御马、贺兰晴雪等当地品牌，并吸引了张裕、中粮、王朝等强势品牌进驻建设或合作建设基地。该地区的田间管理技术过于粗放，由于土质沙性强，冬季冻害、早春倒春寒的问题应该引起充分重视。

2. 甘肃河西走廊 甘肃产区位于河西走廊地区，包括武威、民勤、张掖等位于腾格里大沙漠边缘的县市，是中国丝绸之路上新兴的一个葡萄酒产区。该区气候干旱少雨，热量适中，土壤不太肥沃，适宜酿酒葡萄的种植，生产的葡萄成熟充分、糖酸适中、无病虫害，特色突出。无霜期 165 天，有效积温为：古浪产区 1 209.5 ℃，武威产区 1 363 ℃，民勤产区 1 509 ℃，年降水量在 200 毫米以下，空气干燥，大气透明度高，光能资源丰富，年日照时数长达 2 730～3 030 小时。土质以沙质土为主，土壤结构疏松。该地区形成了莫高、祁连以及紫轩等品牌，并吸引威龙入驻。该地区是一个优势的白葡萄酒以及早熟红葡萄酒产区。

3. 蒙古乌海以及陕西渭北地区 内蒙古河套平原乌海市周边也是中国葡萄传统种植区，该地区光照充足，温差大，气候干燥，又有河水灌溉，近几年酿酒葡萄发展很快；而陕西渭北高原地区，由于冬季不需要埋土，或者简易埋土即可越冬，也获得许多厂家的关注，最近几年有张裕等品牌在当地建设酿酒葡萄原料基地。

（四）新疆产区

新疆作为中国最大的葡萄种植区，酿酒葡萄主要包括北疆天山北麓、南疆焉耆盆地、伊犁以及东疆吐鲁番、哈密地区。

1. 天山北麓产区 玛纳斯、昌吉、石河子地处天山北麓，平均海拔 500～600 米，主要为灰漠土、灌淤土。年平均气温 6.8～7.1 ℃，有效积温 2 200～

2 300 ℃，年降水量 180～190 毫米。而阜康海拔略高 600～800 米，无霜期 153 天，年平均气温 6.1 ℃，有效积温 2 100 ℃，年降水量 173 毫米。这里的酿酒葡萄基地主要是由新天国际建设。

2. 南疆焉耆盆地产区 新疆南疆地区酿酒葡萄种植主要集中于焉耆盆地的焉耆县与和硕县境内，焉耆县平均海拔 1 100 米，种植葡萄的土地主要是山前洪积沙砾土，该地区无霜期 186 天，无霜期内日照时数 1 800 小时，年平均气温 8.5 ℃，有效积温 3 510 ℃，年降水量仅有 80 毫米，需要人工灌溉，通常采用膜下滴灌。是严格埋土防寒区。主要企业有乡都。和硕县位于焉耆盆地北坡，种植葡萄土地平均海拔 1 082 米，主要是山前洪积沙砾棕漠土，该地区无霜期 178 天，无霜期内日照时数 1 798 小时，年平均气温 8.5 ℃，有效积温 3 538 ℃，年降水量 89 毫米，需要人工灌溉，灌溉方式主要以膜下滴灌，是严格的埋土防寒区。当地代表企业有冠农、芳香科技、瑞峰等，主要以原酒供应市场。

3. 伊犁产区 霍尔果斯县位于伊犁河谷地带，种植葡萄的土地平均海拔 700～800 米，土壤以荒漠沙砾、沙壤土为主。该地区无霜期 170 天，年均气温 10.1 ℃，有效积温 2 200 ℃，无霜期内日照时数达 2 000 小时。该地区主要作为新天葡萄酒公司的原料基地，是具有一定资源优势的地区。

4. 吐鲁番、哈密产区 哈密、吐鲁番作为中国传统的葡萄干产区，近年来也开始尝试酿酒葡萄种植，当地土质属于灰棕色荒漠土，哈密海拔 2 000 米左右，而吐鲁番则拥有大陆海拔最低的地区——艾丁湖。该地区气候炎热，降水稀少，极其干旱，葡萄糖分积累容易，但是往往需要很好把握采收，控制含酸量。此地是潜在的甜葡萄酒产区。

（五）东北产区

主要包括吉林通化地区以及黑龙江部分地区。该地区夏季凉爽，冬季严寒，生长期短，通常利用当地原产的山葡萄进行酿酒，也是中国独特的酒种之一。形成了以吉林通化地区为中心的山葡萄酒产区。当地代表品牌有通化股份以及长白山。

（六）云南产区

主要包括弥勒县以及滇西北德钦县。尽管云南纬度较低，不在传统的酿酒葡萄产区纬度带，但是，由于特殊的高海拔地形，使当地拥有一些独特的小气候产区，形成了弥勒县、德钦县产区，在当地有两大主要品牌：云南红、香格里拉。

（七）黄河故道区

主要包括河南的兰考、民权，安徽的萧县以及苏北的连云港、宿迁等部分地区。这里气候偏热，无霜期 210～240 天，土壤为沙土。年降水量 800 毫米以上，并集中在夏季。

气候类型：暖温带半湿润气候，气候特点：欧美杂种及部分欧亚种品种的适宜栽培区，冬季无需埋土防寒。活动积温为 4 000～5 000 ℃，年降水量 600～900 毫米，土质为沙土。本区葡萄成熟期雨水较多，病害较多，葡萄旺长，病害严重，影响品质。

（八）中国其他出产葡萄酒的产区

在广西、四川、湖南等地，最近几年有利用当地的野葡萄资源进行酿酒。

五、葡萄酒酿造

（一）酿造葡萄酒的主要葡萄品种

酿酒时所使用的单一或者多个葡萄品种对酒的风格有着决定性的影响。下面来介绍一些主要的葡萄品种。

1. 白葡萄品种

(1) 霞多丽（查当尼、莎当妮、夏多内）。霞多丽（Chardonnay）是世界最著名的白葡萄品种。如果说赤霞珠是红葡萄之王，那么霞多丽应该说是白葡萄之王，因为无论从产量、质量还是流行程度上看，都稳居白葡萄品种的首位。

霞多丽是个适应性很强的品种，能在世界适合气候条件下的各种土壤环境中种植，并在不同的酿造手法之下都能酿出了各具风格特色的霞多丽白葡萄酒，从不用橡木桶培养的果香清新，清爽活跃，到从发酵到培养都用橡木桶的丰富浓厚、馥郁醇香。也正是因为这种强适应性，起源于法国勃艮第（Burgundy）地区的霞多丽，在 20 世纪 80 年代后期逐渐成为世界上各地果农和酿酒商追捧的目标。在美国、澳大利亚、南非等新世界产地中均有上佳表现。

霞多丽一般都是用来酿造单一品种的白葡萄酒，仅有少数酿酒师会在酿制时调配其他品种葡萄。在较寒冷的产区，霞多丽的清新酸度和熟苹果的味道是典型特色，在较温暖的产区会富含复杂的热带水果的气味。因为它会随着种植环境和酿造方式的差异而变化多端，所以很难统一描述，但有一点基本是共通的，就是霞多丽白葡萄酒普遍属于中重酒体，具备较为复杂的香气，往往都有苹果的气味。

最经典的霞多丽是以法国勃艮第和香槟产区最为著名，不仅酿造出顶级的白葡萄酒，还是香槟酒的中坚力量，那些标明“Blanc de Blanc”的香槟就是100％用霞多丽葡萄酿造的。意大利的东北地区也是经典产区。在法国南部、美国的加利福尼亚州、俄勒冈州（Oregon）、华盛顿州和纽约州、澳大利亚和新西兰等地也有很大的种植面积和出色表现。

霞多丽是黑皮诺（Pinot Noir）和一种不知名的白葡萄 Goais Blanc 自然杂

交的品种。中国在1951年引进这个葡萄品种，有规模的品种发展是在1980年以后。胶东半岛和怀来产区都酿出品质好的白酒。译名有的叫夏多内。霞多丽可能是世界上最知名的品种，栽培于许多葡萄酒产区，可以酿造成各种各样的干白葡萄酒。在凉爽的产区，能够发展出绿色水果（苹果）、柑橘类果味，高酸度以及来自法国夏布利Chablis和香槟酒Champagne的经典葡萄酒。在较温暖的产区，葡萄酒能发展出像新世界霞多丽那样的核果（桃）和热带水果（菠萝、香蕉）味。霞多丽葡萄酒更趋于拥有饱满酒体，口感浓郁、顺滑，许多最优质的霞多丽在橡木桶中培养一段时间，发出各种香料和香草的味道。

（2）长相思（索维浓、白索维翁、白苏维翁）。长相思（Sauvignon Blanc）是法国波尔多（Bordeaux）地区优质白葡萄酒的首选品种，在法国的卢瓦河谷（Loire Valley）有些优质葡萄酒也采用它作为单一葡萄酿酒。如果说有一天，霞多丽（Chardonnay）失去了主导地位，那么长相思将会是最有可能的替代品种。

用长相思品种酿制的葡萄酒具有浓郁的果味，轻至中度酒体，和清爽的高酸度。这些酒几乎都是干型的，具有浓烈的绿色水果、柑橘类（西柚子、青柠）果味和草本植物（切割的青草、青椒、芦笋）的芳香。新西兰的长相思，产于法国的著名的桑塞尔Sancerre和普伊芙美PouillyFume葡萄酒都是这种葡萄酿造的。

过去有很多人都在指责长相思所酿造的酒有太重的草味，甚至有猫尿味，那主要是因为过去技术的限制不能满足长相思精心呵护的要求或是采摘过早。现在在长相思葡萄酒中将更多体味到清新的口感、令人振奋的活泼酸度和浓郁的香气。在法国卢瓦河谷（Loire Valley）和新西兰的马尔堡（Marlborough），长相思葡萄酒会富含绿色水果（例如青李子和醋栗的味道）的气味和很高的酸度，而在美国加州和波尔多较为温暖的产区，又常常有杏子的香气。

长相思所酿造的白葡萄酒属于需要年轻时饮用的类型，清新且充沛的年轻酒香会随时间淡去。有一种调配是和赛蜜荣（Semillon）组合，利用赛蜜荣的陈年能力和成熟后的果香保持在相当长的时间白葡萄酒的表现，同时用赛蜜荣的厚实使口感更加均衡。另外，长相思适合新式的低温泡皮法酿造，会增加酒中芒果、菠萝等热带水果的香气。

原产于法国波尔多格拉夫（Graves）、索坦区（Sauternes）及卢瓦（Loire）河谷。在中国译名有时被称为白苏维翁，在卢瓦（Loire）河谷称之为Blanc Fume，在美国加州也被称为Fume Blanc。

（3）雷司令（丽诗玲、丽丝玲、薏丝琳）。雷司令是德国最引以为荣的白葡萄品种，盛产于德国的莫尔索（Mosel-Saar-Ruwar）和莱茵河区（Rhine）。

往往以轻中酒体为主，果香十足，同时带有略微的甜味。雷司令在近年并不是太流行，有人说是因为雷司令都是甜型的酒不同于人们对干型（Dry）酒的追求所导致。其实，在法国的阿尔萨斯（Alsace）、美国加州、纽约州和澳大利亚，都出产非常出色的干型雷司令白葡萄酒。

雷司令酿造的葡萄酒富含浓郁的果香，具有高酸度，涵盖了从干到甜的各种口感以及轻至中度酒体，雷司令葡萄酒具有核果（桃杏），至柑橘类（青柠）果味和花香。雷司令能很好地陈年，发展出汽油和杏干的芳香。在德国，雷司令是酿造干到甜型葡萄酒的经典之选，法国的阿尔萨斯和澳大利亚酿制一些非常出色的干型雷司令葡萄酒。

雷司令是很难种植的葡萄品种，它需要在很长的较寒冷气候条件下才能成熟，在这种气候下，春天和秋天的霜冻会是最大的敌人。

在德国，雷司令的甜度会分不同的等级，主要是根据葡萄采收的时间不同来划分的，新世界出产的甜型雷司令往往都会标明“Late harvest”（晚收）或“Botrytis”（贵腐菌）的字样。

雷司令原产于德国，在旧世界的法国阿尔萨斯（Alsace），新世界的美国和南澳大利亚都有不错表现。在中国译名有时被称为蕾斯琳。

2. 红葡萄品种 下面介绍的红葡萄品种都有陈年的潜力，陈年过程能够柔化单宁并且增加葡萄酒的复杂性。陈年后会发展出树叶和蘑菇的芳香。

（1）赤霞珠（卡本内·苏维浓、加本利·苏维翁）。赤霞珠（Cabernet Sauvignon）可以被称为世界上最著名的葡萄品种，被誉为红葡萄之王并不言过其实。很多顶级的葡萄酒都是由这种葡萄酿制的，比如被称为法国“五大”葡萄酒庄中就有四个位于法国波尔多（Bordeaux）左岸梅多克产区（Medoc）的葡萄酒是用这种葡萄为主要原料所酿制的。另外，在新世界产区，如美国的纳帕谷（Napa Valley），都盛产赤霞珠葡萄酒。

赤霞珠在世界各地都有种植，单宁含量往往也较高，用它酿造的葡萄酒有深的颜色，丰富的单宁和高酸度以及浓郁的芳香。中至饱满酒体，伴随典型的黑色水果味（黑加仑、黑樱桃）和草本植物（青椒、薄荷）的味道。橡木经常被用于柔化赤霞珠的单宁，并增加香料和香草味。因为赤霞珠单宁水平高，它常常与其他品种葡萄混合酿制，譬如在波尔多，它与美露混合酿制，增加了混酿酒的柔和度和酒体。它被广泛的种植于加州和澳大利亚，在澳大利亚它常常与西拉 Shiraz 混合酿制，因为西拉会使酒的口感更加浓郁，并且带来香料的味道。

赤霞珠酿制的红葡萄酒具备非常出色的陈年潜力，并具有浓烈的黑色浆果香气、酒体偏重，丹宁高，结构强的特点，可酿成浓郁厚重型的红酒，适合久藏。但也恰恰因为这些特点，用赤霞珠单一葡萄酿制的酒口感过于强硬，也会非常涩口，所以往往与其他葡萄品种，如品丽珠（Cabernet Franc）和美露（Merlot），进行混合调配，然后经橡木桶贮存后才能获得口感平衡的优质葡萄酒，往往具备经典的黑醋栗香气（黑醋栗是一种黑色浆果，有种特别的香气）。但即使这样，赤霞珠（Cabernet Sauvignon）葡萄酒，尤其是法国的，最初都比较涩口，因为单宁很高，需要陈酿至少 5 年左右。

赤霞珠对产量非常敏感，一般来讲每公顷产量超过 4 500 升就很难酿出精彩的好酒了。传统上都认为赤霞珠葡萄是古老的品种，近年美国加州大学戴维斯分校在对葡萄基因的研究中发现，赤霞珠葡萄是用红葡萄品丽珠（Cabernet Franc）和白葡萄长相思（Sauvignon Blanc）嫁接而形成的品种。

赤霞珠原产于法国波尔多（Bordeaux）地区，于 1892 年首先由烟台张裕公司引入。是我国目前栽培面积最大的红葡萄品种。在中国的市场上可以见到许多这种葡萄酿制的葡萄酒，中文译名也有很多叫法，除了赤霞珠，还有解百纳、苏维翁等。

（2）美露（梅洛、梅鹿辄、梅鹿汁）。美露（Merlot）自 18 世纪以来便在波尔多种植，是波尔多种植最广泛的品种，覆盖了 50%的波尔多葡萄酒产区。虽然赤霞珠的名气比它更大，但是你有可能在一瓶波尔多红酒里找不赤霞珠，但是不可能在一瓶波尔多红酒里面找不到美露。原因很简单，波尔多左岸是赤霞珠的天下，但需要用美露进行调配以使口感圆润。

由于美露口感柔和，带有水果芳香，通常具有饱满酒体和低至中度单宁，因此用美露酿造的葡萄酒是除赤霞珠之外的另一种受欢迎的选择。美露具有浓烈的果味，有红色水果（草莓、李子）至黑色水果（黑莓、黑樱桃）的芳香。圣埃米利永是用美露为主酿制的来自波尔多的葡萄酒。在新世界的智利，用美乐酿造的葡萄酒物美价廉，但依旧保留了浓郁的口感和水果的芳香。过在橡木桶中培养处理后的美露变得更加浓郁，并增加香料和香草的芳香。它还和赤霞珠混酿，赤霞珠给美露增加单宁、酸度和芬芳果味。

美露的特点是皮薄，丹宁较低，酸度也相对较低，酿出的红酒却有较圆润肥美、柔和的口感，果香足，香气与赤霞珠近似，以黑色浆果为主，从黑莓、蓝莓、黑醋栗到李子等。美露红酒比赤霞珠红酒较为容易成熟，一般保存期略逊赤霞珠红酒，但整体上仍是可以耐于久存，在酿酒时常与其他红葡萄品种调配。也正因为美露的温和可亲，所以对于初识红酒的人将会是一个非常合适的开始。

相对赤霞珠而言，美露对产量的敏感性要低，赤霞珠每公顷产量不超过 4 500升，而美露在产量超过 5 000 升以上时仍旧可以酿出好酒。

美露并不仅仅是适合初识红酒的人。顶级红酒中同样不乏以美露的身影。波尔多（Bordeaux）右岸的圣爱米伦（Saint Emilion）和玻美侯（Pomerol）是经典的顶级美露红酒产地，也同样是非常昂贵的。还记得在电影《门徒》中刘德华在泰国点的1982年的Chateau Petrus（柏翠酒庄）红酒和电影《007皇家赌场》中邦德在火车上喝的同是1982年的Chateau Angelus（金钟酒庄）红酒吗？那分别是玻美侯（Pomerol）和圣爱米伦（Saint Emilion）中顶级红酒的代表。美露（Merlot）原产于法国波尔多（Bordeaux）地区，1892年由欧洲引入山东烟台。

（3）黑皮诺。黑皮诺（Pinot Noir）被公认为是最难酿造的葡萄品种。虽然在中国的知名度远远不及赤霞珠，但在葡萄酒世界里，黑皮诺创造了最为优雅的红葡萄酒。即使在美国，黑皮诺葡萄酒的产量和消费量都在与日俱增，很多人将这种趋势归功于77届奥斯卡热门影片《杯酒人生》（Side Way）的热播。正是由于黑皮诺无可替代的优雅魅力造就了它的流行。

和其他的红葡萄品种比起来，黑皮诺颜色更淡，酒体更轻，单宁低至中度，酸度高。酿制出的葡萄酒有红色水果（草莓、覆盆子、红樱桃）的味道。

黑皮诺被用作酿制勃艮第（Burgundy）红酒，在新世界国家新西兰，黑比诺被用作酿制酒体较为饱满的葡萄酒。黑比诺也可以用于香槟的酿制。

与赤霞珠相比，黑皮诺味道更甜美，单宁含量低，质感丰厚，具备多层次的香气，如草莓、樱桃、多种花香等，所酿的酒颜色也不深。总体来看，虽没有赤霞珠雄壮的口感，却有赤霞珠无法匹敌的微妙的层次，所以“优雅”这个词往往会被用在形容黑皮诺酿出的好酒。

黑皮诺并不容易种植，可以说是一种非常脆弱的葡萄品种。最好的种植区在法国的勃艮第（Burgundy），在法国的香槟区和美国的俄勒冈州（Oregon）也有不错的表现。除了难以种植，黑皮诺的品质也不甚稳定，对产量的敏感度很高，在勃艮第用来酿造顶级红酒的特级葡萄园的产量都控制在每公顷3 500升，比赤霞珠和美露都低得多。一般来讲，在其他产区黑皮诺很难有出色的表现。其中最昂贵的红葡萄酒罗曼尼—康帝（Romanee-Conti）就是黑皮诺单一葡萄酿制的。

同时，黑皮诺还是香槟酒最主要的葡萄品种之一，经过榨汁后迅速脱离和深色葡萄皮的接触，它可以作为香槟酒、起泡酒或者白葡萄酒的原料。这就是用红葡萄酿制浅色酒的最为经典的实用案例。

黑皮诺原产于勃艮第（Burgundy）地区，1892年从西欧引入山东烟台，1936年从日本引入河北昌黎，主要种植区分布在甘肃、山东、新疆、云南等地。

黑皮诺是柔和的葡萄品种，比较喜欢凉爽，温和的气候。

(4) 西拉（希哈、设拉子）。该葡萄品种在法国被称为西拉（syrah），在澳大利亚被称为设拉子（shiraz）。这种葡萄品种能够酿制成气味浓郁，口感浓烈。具有胡椒香味，深色的葡萄酒，通常具有饱满的酒体和中至高水平的单宁，典型的味道包括黑色水果（樱桃、黑莓）香料（胡椒、丁香）和草本植物味（薄荷）。大多经过橡木桶培养，赋予葡萄酒香草和香料味，在法国的北罗讷河 Northern Rhone，西拉能酿制出中等酒体，高单宁，具有黑色水果芳香的葡萄酒。在澳大利亚，它被酿制成饱满酒体，充满香料味的葡萄酒，单宁较柔和。

3. 其他葡萄品种　除了以上 7 种著名的葡萄酒品种之外，还有百余种现在常用的葡萄品种，较为典型的有：

(1) 灰比诺（Pinot Grigio）。是一种意大利栽培的葡萄品种。酿制出轻酒体和味道清淡的干白葡萄酒，酸度高，具有白色花朵香气。

(2) 索味浓（sauvigon N）。原产法国，是波尔多和卢瓦河地区的主栽品种，面积约 1.3 万公顷。此外，在美国（5 400 公顷）、南非（3 550 公顷）、智利（3 500 公顷）等葡萄酒生产国均有大量栽培，总面积约 12 万公顷，我国胶东地区引人较早，有少量栽培。

其特征为：嫩梢尖密布绵毛，边缘红色。幼叶黄色带红铜晕斑。成叶小，圆形，5 裂中深，边缘翻卷波浪式起伏，似荷叶状，叶柄洼矢形近于闭合，锯齿中大，窄拱形，叶背有绒毛。

农艺性状：发芽中早，中早熟，比霞多丽晚 1 周成熟。索味浓是白色品种中生长势最旺的，枝条粗壮，枝势过旺容易落花落果，需要选用生长势中庸的砧木，避免肥沃及多水的土壤，最好选择坡地，并及时绑缚。结实力中等，适于中梢修剪，高篱架栽培。抗病性中等偏弱，对灰霉病、白腐病很敏感，对白粉病和蔓割病敏感，较耐霜霉病，适宜在温凉干燥的地区栽培。

酿酒品质：果穗小，极紧。果粒小，黄绿色，完熟时金黄色，皮较厚，肉软多汁，中糖中酸，具淡玫瑰香味或与解百纳型相近的淡青椒味，十分典型。可酿制优质干白。酒质极为细腻、高雅、协调，具有品种地域的典型性香气，如树苗、醋栗香、青草香、芦笋香等。在小气候适宜的地方还可形成“贵腐”葡萄，酿制利口甜酒。

品系选择：法国选出 20 个品系，其中 13 个繁殖较多，如：316、242（中产、香浓）、297（丰产、易感灰霉病）、317（优质丰产），1997 年育苗 612.6 万株，居第十位。

（3）**阿罗巴**（Arriloba）。原产法国，是波尔多葡萄研究所 1954 年用 R 汀 fiat 与索味浓杂交育成的品种，1987 年开始推广。

其特征为：嫩梢密布绵毛。幼叶绿色带红铜晕斑。成叶中大，3～5 裂，中深，叶柄洼 U 形开张，锯齿尖长，叶面平滑，边缘翻卷稍向内卷。叶背有中等绒毛。农艺性状：发芽早，成熟早，比索味浓早熟 1 周。树势较旺，枝势直立，丰产性强，需要短梢修剪。适应性较强，抗病性好，较抗灰霉病，有时有穗柄干缩症，也适于机械化采收。酿酒品质：果穗中大，中等紧密。果粒很小，淡黄色，皮厚。干酒细腻，清新爽口，香气宜人，比索味浓稍淡，延长浸泡时间可获得较强的香气。由于该品种丰产、抗病又带有索味浓的香气，可适量试栽。

（4）**赛美容**（Semillon B）。原产法国，是法国第三位（1.5 万公顷）的白色品种，主栽于波尔多地区，智利（7 070 公顷）、澳大利亚（2 800 公顷）、斯洛文尼亚（2 000 公顷）、美国（1 400 公顷）、阿根廷（1 260 公顷）等国均有大面积栽培。我国近年开始规模种植。

其特征为：嫩梢密生绵毛，边缘稍红。幼叶黄绿，着红褐色晕斑。成叶中大，浅绿—绿色，圆形，5 裂，中深，叶柄洼矢形开张，叶面皱泡明显，叶主脉稍着红色，叶厚，锯缘拱形，中大，叶背有稀绒毛。

农艺性状：发芽中早，但长梢修剪时枝条上下部芽萌发间隔时间较长。成熟期与索味浓相近。树势中庸或较旺，丰产性强，尤其在肥水充足的地方往往超载高产，需要中短梢修剪。风土适应性一般，适于砾质土及钙质土，适于排水良好的丘陵坡地。果实成熟季节遇雨易裂果，易感灰霉病等，叶部易感黑腐和红蜘蛛，较耐白粉病和枝干病害。

酿酒品质：果穗中大，紧密。果粒中大，金黄色，完熟时可至粉红色。果皮较厚，肉软多汁，中糖低酸，稍有玫瑰香味。

可酿制优质干酒，酒体丰腴细腻，但酸度低，适于和其他品种勾兑。在波尔多要用来生产利口甜酒，如著名的 Sauternes 甜酒，是利用 80%感染贵腐病的赛美容加 20%的贵腐索味浓和妙土卡德酿制而成的，每公顷产酒量仅 2 000 升。酿成的利久酒色金黄，蜜香、花香浓郁，酒体醇厚强劲，口味悠长。

品系选择：法国选出 7 个品系，主要繁殖 315、173 号（中产、优质），近年苗木繁殖量趋下降，1997 年育苗 104.4 万株。

（5）**白羽**（Rkatsiteli B）。原产格鲁吉亚，是前苏联的主栽品种之一，广泛栽培于东欧国家，面积超过 2 万公顷，在美国也有栽培。我国 1956 年引入后在北方曾有很大面积的推广。1990 年后栽培面积减少。植物学识别特征：

嫩梢尖布绵毛，边缘桃红色。幼叶黄绿染红晕。成叶中大，心形，3～5 裂中深，叶柄洼矢形交叠成孔，锯齿分大小两系列，叶面稍皱褶，叶姿略呈漏斗状，叶背后丝毛。新梢紫红色，一年生枝亦紫红色（故其俄文名意为红葡萄树）。

农艺性状：发芽中早，中晚熟。生长势中庸偏强，枝势直立，副梢弱，易于管理。丰产性强，产量过高时树势易衰竭，适于密植、短梢修剪。风土适应性强，丘陵沙地均可栽培，抗寒、耐盐碱，抗病性较强，较耐果实病害，易感霜霉病。

酿酒品质：果穗中大，不太紧实。果粒中大，黄绿色带褐点。果皮薄而韧，肉软多汁，味甜，糖酸潜势较高，无明显香味。优质白羽酿制的干白典型性强，酸度协调爽口，具辛香，口味柔和细长。格鲁吉亚产白羽干酒，禾秆黄色、酒劲大，涩口、香气浓郁，目前我国栽培的白羽退化现象较普遍，应进行脱毒和品系选优。

（6）白诗南（Chenin B）。原产法国，是卢瓦河地区的主栽品种（8 800 公顷），除法国外，在美洲、非洲栽培较多，是南非第二大栽培品种（2.8 万公顷），美国（1.2 万公顷）、阿根廷（4 000 公顷）、智利（3 000 公顷）及澳大利亚等地栽培广泛。我国于 1990 年前后大量引进，在新疆、山东、河北等地有规模种植，表现优于其原产地。

其特征为：嫩梢尖绒毛极密，边缘略红。幼叶黄色带红色晕斑，多毛。成叶中大，深绿色，圆形，3～5 裂中深。叶质软，翻卷不平，叶柄洼矢形开张或闭合，裂刻底尖锐，闭合成孔，叶主脉明显红色，锯齿拱形中大，叶背绒毛中多。

农艺性状：发芽早，中晚熟，与赤霞珠同期成熟。生长势旺，枝条直立，易于管理，风土适应性较强，适于各种土质。丰产性好，产量依栽培条件而变化幅度较大，抗病性中等。易感灰霉病、白腐病和白粉病，较耐霜霉病、黑腐病和黑痘病，适宜在通风透光的坡地栽培，中、短梢修剪。

酿酒品质：果穗中至大，紧实。果粒中小，黄绿色，肉较薄，肉质厚，味甜，具清香，中糖高酸。可酿造优质干酒或甜酒，酒种受栽培条件和产量的影响，限产、高糖度时用于生产利口酒，酒质醇厚，具浓郁的蜜香；产量中等时可酿造干白、半干白，酒质优雅，有明显的桃、杏香味；产量高的产区用于生产起泡酒，含酸量高，产汽好，酒清新爽口。

品系选择：白酒南品种变异多，已有穗型较松、较抗灰霉病的品系选出，在已正式推广的 6 个品系中以 220、880（酒质细腻、香）、982、1082（早熟、优质）繁殖较多，1997 年育苗 210.5 万株，居第十五位。

（二）葡萄酒原料的质量控制

国标中规定：葡萄酒的酒度应（12±1）%(V/V)。当葡萄原料在好的年份，红色品种含糖量应达到234克/升，而白色品种则在200克/升左右［红葡萄酒：果汁中18克/升糖可以发酵成1%(V/V)；白葡萄酒：17克/升发酵成1%(V/V)］。

（三）葡萄酒原料的采收与装运

选择成熟度较好的果穗，剔除掉病穗、烂穗。

装运时，应降低容器的高度，防止葡萄果实的相互挤压。并减少转倒的次数和高度。保证果实的良好清洁状态。

（四）葡萄酒的生产概述

葡萄酒生产工艺的目的：在原料质量好的情况下，尽可能地把存在于葡萄原料中的所有的潜在质量，在葡萄酒中经济、完美地表现出来。在原料质量较差的情况下，则应尽量掩盖和除去其缺陷，生产出质量相对良好的葡萄酒。好的葡萄酒香气协调，酒体丰满，滋味纯正，风格独特；但任何单一品种的葡萄都很难使酒达到预期的风味。因为纵使是优质的葡萄，其优点再突出，也有欠缺的一面。酿酒工艺师为了弥补葡萄的某些缺陷，在新品葡萄开发之初就对拟用葡萄品种作了精心的研究，将不同品种的葡萄进行最合理的搭配，五味调和，才有品格高雅的葡萄酒奉献给世人。

葡萄酒的生产工艺总的来说可分为三个过程：原酒的发酵工艺、储藏管理工艺、灌装生产工艺。

1. 原酒发酵工艺 原酒的生产工艺因所酿造的葡萄酒品种不同而不同，常见的有红葡萄酒、白葡萄酒、起泡酒、冰酒、脱醇酒等。

(1) 红葡萄原酒的生产。红葡萄发酵的主要特点是浸渍发酵。即在红葡萄酒的发酵过程中，酒精发酵作用和固体物质的浸渍作用同时存在，前者将糖转化为酒精，后者将固体物质中的丹宁、色素等酚类物质溶解在葡萄酒中。

① 除梗破碎。葡萄→振动筛选台除掉杂质和小青粒→移动提升架→除梗破碎机除去果梗并破碎→集汁槽及果浆泵将破碎后果浆搜集输送到发酵罐。

② 装罐。在葡萄破碎除梗后泵入发酵罐时立即进行，并且边装罐加 SO_2，

装罐完后进行一次倒灌，使 SO_2 与发酵基质均匀混合。添加量视葡萄的卫生状况而定，一般 50～80 毫克/升。

葡萄细胞果胶酶可以分解作用于葡萄皮，促进色素、香气和丹宁等物质的浸渍过程。虽然 SO_2 对果胶酶作用较少，但仍要避免同时添加。添加 20～40 毫克/升。

③ 添加酵母。将干酵母按 1∶（10～20）的比例投放于 36～38 ℃的温水中复水 15～20 分钟，或在 2%～4%的糖水复水活化 30～90 分钟制成酵母乳液，即可添加到醅料中进行发酵。酵母添加后要进行一次打循环，以使酵母和发酵醪混合均匀。

④ 发酵过程。对发酵温度进行监控，控制发酵温度在 25～30 ℃，每隔 4～6小时测定比重，连同温度记入葡萄酒原酒发酵记录表。28～30 ℃有利于酿造丹宁含量高、需较长陈酿时间的葡萄酒，而 25～27 ℃则适宜于酿造果香味浓、丹宁含量相对较低的新鲜葡萄酒。发酵开始的标志：形成“帽”，发酵基质温度上升。如果原料的质量不好，要达到一定的酒度，发酵进入旺盛后，还需要添加一定量的糖。进行倒灌及喷淋。倒灌的次数决定于很多因素，如葡萄酒的种类、原料质量以及浸渍时间等，一般每天倒灌 1～2 次，每次约 1/3。这一过程一般持续约 1 周左右的时间。

⑤ 皮渣分离及压榨。测定葡萄酒的比重降至 1 000 及以下（或测定含糖量低于 2 克/升）时，开始皮渣分离。在分离后，为了保证酒精发酵的进行，应将自流酒的温度控制在 18～20 ℃，满罐。

⑥ 苹果酸—乳酸发酵。苹果酸—乳酸发酵是提高红葡萄酒质量的必须工序。只有在苹果酸乳酸发酵结束后并进行恰当的 SO_2 处理后，红葡萄酒才具有生物稳定性。而且是葡萄酒变得更加的柔和圆润。这一发酵过程必须保证满罐、密封。结束后添加 SO_2 至 50 毫克/升。

（2）白葡萄原酒的生产。白葡萄酒是用白葡萄汁经过酒精发酵后获得的酒精饮料，在发酵过程中不存在葡萄汁对葡萄固体部分的浸渍现象。干白葡萄酒的质量，主要源于葡萄品种的一类香气和源于酒精发酵的二类香气以及酚类物质的含量而决定的。所以，在葡萄品种一定的条件下，葡萄汁的取汁速度及质量、影响二类香气形成的因素和葡萄汁以及葡萄酒的氧化现象成为影响干白葡萄酒质量的重要因素。

① 除梗破碎。葡萄→振动筛选台除掉杂质和小青粒→移动提升架→除梗破碎（或仅除梗）。除去果梗并破碎→集汁槽及果浆泵将破碎后果浆搜集输送到发酵罐。

② 压榨取汁。压榨时气囊及罐壁对物料仅产生挤压作用，摩擦作用甚小，

不易将果皮、果梗及果汁本身的构成物压出，因而汁中固体物质及其他不良成分的含量少。

③ 低温澄清及清汁的分离。果汁进入保温罐后，添加 60～120 毫克/升的 SO_2，并循环均匀。为了加快澄清和浸渍作用可添加澄清果胶酶和用膨润土等下脚材料进行下胶处理。保持温度 0～5 ℃，24～48 小时低温还可以浸渍更优雅的香气，并可控制丹宁浸出量。

④ 酒精发酵。分离出的清酒，迅速回升到 18～20 ℃，添加白酒专用酵母，启动发酵。发酵启动前，取汁化验各项理化指标。发酵过程中随时进行感官和理化分析。需要注意的问题：装罐应满罐、温度：18～20 ℃、填写发酵记录表。

⑤ 澄清及分离。发酵结束后，进行澄清。分离出的清酒，导进行储藏罐，并添加 SO_2 至 60 毫克/升，密封储藏。压榨酒可单独进行处理，也可和清酒进行混合。如果酸度过高，可考虑进行苹果酸乳酸发酵，发酵结束后添加 SO_2，密封储藏。

2. 原酒的贮藏管理工艺 这一过程从葡萄发酵结束进入储罐后开始，直到葡萄灌装前。因不同葡萄酒种而时间上有很大的差异，具体又可分为以下几步：不锈钢罐的贮藏、橡木桶的贮藏、冷冻处理、过滤处理。原酒澄清及下胶过滤：在发酵结束后，温度已经降的很低，原酒在经过冬天低温作用下可以澄清。同时结合下胶过滤工艺可以加速葡萄酒澄清的质量和速度。对于一些要求果香较好的新酒，经过澄清和过滤工艺后即可进行葡萄酒的酒石稳定性处理。对于需要橡木桶陈酿的葡萄酒，此时可以装入橡木桶进行储藏（浑浊的葡萄酒容易堵塞橡木桶细孔，降低了橡木桶的使用寿命）。这过程可能需要几个月、几年甚至更长的时间。

3. 灌装生产工艺 葡萄酒的灌装就是将葡萄酒装入玻璃瓶中，以保持其现有的质量，便于推荐和销售。在灌装前必须对葡萄酒的质量进行检验。确定葡萄酒符合葡萄酒质量、卫生标准。为了保持质量的稳定性和一致性，一些品种的酒还需要进行调配。

① 调配。颜色：增加和降低葡萄酒的颜色。

香气：通过勾兑新酒可以增加葡萄酒的果香。而相应的调配经过陈酿的酒则可以增加陈酿香气。

口感：使口感更加的平衡协调。理化指标：使之符合相关的标准。符合特定范围人群的消费也是非常重要的。

② 稳定性试验。要避免装到到瓶子里再出现浑浊这样的事情的发生。只有在葡萄酒通过稳定性试验后，才可能进行下一步工序——灌装。包括：酒石

稳定性、色素稳定性（红色）、蛋白稳定性（白色）、金属离子稳定性、生物稳定性等。其中生物稳定性检验可以延续到除菌过滤后进行。

③ 除菌过滤和灌装。除菌过滤一般为二次过滤，先进行澄清过滤，再进行除菌过滤，过滤出的酒直接进行灌装。采用膜滤或者除菌板过滤。主要有以下几个部分：送瓶、传送、洗瓶、干燥、灌装、压塞、套胶帽、贴标、喷码、装箱、码垛。

（五）葡萄各部分与葡萄酒酿造的关系

成熟的葡萄串是葡萄酒酿造的最主要原料，其各部分所含的成分不同，在酿造过程中也将各自扮演不同的角色。一般葡萄在 6 月结果后约需要 100 天的时间成熟。在此过程中葡萄的体积变大，糖分增加，酸味降低，红色素和单宁等酚类物质增加使颜色加深。此外潜在的香味也逐渐形成，经发酵后就会散发出来。成熟的葡萄其大小、形状、颜色等都会因为品种而不同。此外产量的多小，所处天然环境，是否遭病菌污染及年份好坏等都会影响葡萄的特性和品质。

1. 葡萄梗 联结葡萄粒成串的葡萄梗含有丰富的单宁，但其所含单宁收敛性强且较粗糙，常带有刺鼻的草味，通常，酿造之前会先经过去梗的工序。但部分酒厂为加强酒的单宁含量，有时也会加进葡萄梗一起发酵，但葡萄梗必须非常成熟，以避免前面提到的几个缺点。除了水和单宁外，葡萄梗还含有不少钾，具有去酸的功能。

2. 果肉 占葡萄 80%左右的重量，一般食用葡萄的肉质较丰厚，而酿酒葡萄较多汁，其主要成分有水分、糖分、有机酸和矿物质。其中糖分是酒精发酵的主要成分，包括葡萄糖和果糖，有机酸则以酒石酸、乳酸和柠檬酸三种为主。酒中的矿物质则以钾最为重要，其含量常超过各种矿物质总量的 50%。

3. 葡萄籽 内部含有许多单宁和油脂，是其单宁收敛性强，不够细腻，而油脂又会破坏酒的品质，所以在葡萄酒酿造的过程中须避免弄破葡萄籽而影响酒的品质。

4. 葡萄皮 虽然比例上葡萄皮仅占全体的 1/10，但对品质的影响却很大。除了含有丰富的纤维素和果胶外，还含有单宁和香味物质；另外，黑葡萄的皮还含有红色素，是红酒颜色的主要来源。葡萄皮中的单宁较为细腻，是构成葡萄酒结构的主要元素。其香味物质存于皮的下方，分为挥发性香和非挥发性香，后者须待发酵后才会慢慢形成。

（六）葡萄酒具体酿造工艺步骤

葡萄酒的奥秘中不仅凝结着科学和技艺的力量，更闪烁着艺术的光芒。葡萄酒的酿造主要包括以下几个步骤：葡萄采摘，去梗榨汁，发酵与浸渍，除渣与榨汁，苹果酸乳酸发酵，过滤和净化，陈酿，混合调配，装瓶，白葡萄酒，桃红葡萄酒，汽酒，加强型葡萄酒。

1. 葡萄采摘 大自然完成自己的哺育工作之后，葡萄园中的男男女女立刻投入到紧张的工作中，开始将成熟的葡萄酿成美酒的过程。第一个阶段就是采摘葡萄，一般需要两天的时间。传统上，都是手工把葡萄成串的摘下。现在，很多葡萄园实现了机械采摘，比起人工的确存在很多优势，速度快（在某些环境条件下至关重要，比如采摘阶段天气突变），成本低（一台采摘机和50个采摘工人的工作量相当），并且更加及时（采摘机在夜间也可工作）。机械采摘虽然效率很高，但进行机械采摘要求葡萄藤必须按照特定方式攀缘成长，而很多酿酒商认为这样无法得到最好的葡萄。所以，手工采摘仍然是酿造高档葡萄酒的基本步骤。

2. 去梗榨汁 采摘下来的葡萄立刻被送到酒厂，并进行去梗，让成串的葡萄（在植物学中的正式称谓是，果实）与梗分离。如果保留葡萄梗，会让葡萄原汁中有一股不好闻的草味，单宁含量过高会让葡萄酒有较重的苦味。然后挤压去梗后的葡萄，可以让葡萄汁和葡萄皮充分的接触。挤压不仅能够为果汁着色，而且有利于后续的发酵。

3. 发酵与浸渍 发酵过程中，葡萄原汁中的糖分会转化成酒精和二氧化碳（CO_2）。葡萄皮上有一层天然的酵母，有时酿酒人也会在发酵过程中再添加酵母，发酵过程约一个星期。发酵过程中会产生大量的热量，如果因此温度过高，会导致酵母失去活性从而停止发酵。因此，如何控制发酵过程中的温度是合格酿酒人必须掌握的技术。

发酵过程之中和之后，充分混合葡萄原汁和葡萄皮，被称之为浸渍。这个阶段可长达5周，但具体时间取决于要生产的酒中单宁具有何种风格。在离析过程中，葡萄皮中的单宁和其他味道、色素将释放到葡萄汁中。

4. 除渣与榨汁 酿酒人认为葡萄酒中的单宁含量已达最佳时，将从发酵罐底部引出自动流出的汁液，称之为“自然流汁”，然后对剩余物进行榨汁，获取“压榨葡萄汁”。压榨的葡萄汁颜色更深，单宁酸含量更高，但不够精致。根据酿酒人所要酿造的葡萄酒的风格，可以用它和其他酒勾兑，或保持其原有味道。通常，把葡萄酒从一个罐移入另一个干净的罐被称之为“除渣”。

5. 苹果酸乳酸发酵 在窖藏陈化期间，很多红葡萄酒还会进行二次发酵，又称为苹果酸乳酸发酵。这个过程将把口感生硬、酸性较强的苹果酸变成比较柔和的乳酸。乳酸发酵可以让葡萄酒入口更加柔滑，丰富其酒体和口感。

6. 过滤和净化 过滤时，使用过滤网滤除葡萄渣滓和发酵过程中产生的杂质。使用净化装置可以去除导致葡萄酒浑浊和产生异味的物质。为了得到清澈、稳定的酒液，很多葡萄酒都经过净化。但是，很多传统的酿酒人反对这样做，在净化过程中破坏了丰富的口感，并且酒味也没有了。

7. 陈酿 陈酿过程是指葡萄酒装瓶之前，在桶中陈化的过程。一些葡萄酒是在木桶中进行陈酿，而对于一些当年饮用的酒，或产量较大的日常酒，一般在不锈钢罐中进行陈酿。陈酿过程中，葡萄酒将逐渐具有丰富的香味与口感。同时，酒中的杂质会沉积到桶底，清除后获得更为清澈的酒液。这个过程非常重要，有利于葡萄酒装瓶后在瓶中继续进行的陈酿过程。

8. 混合调配 酒液成熟后，酿酒师可以根据需要，把几种不同的酒混合成一种新的酒。比如，可以把不同葡萄园种植的葡萄（具有不同的风味）酿造的酒勾兑在一起，或把种植在同一葡萄园，但采用不同技术酿造（例如，有的在罐中发酵，而有的在桶中发酵）的葡萄酒勾兑起来。有时候，上百种不同的酒液勾兑，成为一种新鲜独特的美酒。

9. 装瓶 将葡萄酒装入最后的容器——酒瓶中后，为了防止氧化，则将瓶口密封。葡萄酒行业目前最大的争议之一正是密封问题，传统的软木塞和新型的瓶封孰优孰劣呢？越来越多的酿酒商认为软木塞的替代者——斯蒂文瓶封（新型螺纹盖）是不宜久藏的葡萄酒较为理想的密封方式。斯蒂文瓶封不会和软木塞一样变质，所以葡萄酒品质不会因密封材料受到不良影响。酿酒商和分销商非常重视葡萄酒变质造成的损失以及对品牌声誉的负面效应。因而斯蒂文瓶封具有重要的意义，它能够保证消费者购买的葡萄酒处于良好状态中。

10. 白葡萄酒 酿造白葡萄酒和红葡萄非常相似，仅有几处细微差别。首先，挤压后立刻从葡萄汁中分离葡萄皮和果肉，所以葡萄皮中的色素不会让葡萄汁着色。其次，很多白葡萄酒不需进行乳酸发酵。莎当妮（Chardonnay）是个例外，它在乳酸发酵过程中，会产生带有“黄油”香气的物质。

11. 桃红葡萄酒 酿造桃红葡萄酒的过程与白葡萄酒基本相同，唯一的不同是，挤压10小时后才把葡萄皮和果肉从葡萄汁中分离出来，让葡萄汁呈桃红色。

12. 气泡酒 生产气泡酒的周期比无气葡萄酒要长，因为需要第二次发酵来产生所需的“气泡”。传统的汽酒或香槟的生产过程昂贵、费力（劣质的汽酒不在此列，它仅是向无泡葡萄酒中灌注二氧化碳）。

使用传统方法，应在瓶装酒中加入含有糖分和酵母的利口酒（Liqueur）（注：比起其他葡萄酒酒瓶，汽酒酒瓶的瓶壁较厚，从而可承受起泡后瓶内压力）。在第二次发酵过程中，酒瓶应水平放置。

第二次发酵会自动结束，然后进入瓶中陈酿阶段，瓶口应略微向下倾斜。酒中的杂质会慢慢沉积在软木塞旁，所以需要定期把瓶转动 1/4 周，这个古老、优雅的过程被称为“riddling”。到了一定阶段，瓶颈会出现结晶，清除这些结晶物质后，更换软木塞。然后，汽酒进入陈化阶段，直至酿酒人将其投入市场。

最知名的汽酒之一是香槟酒（Champagne），仅出产于法国香槟区，还有出产于西班牙的加瓦酒（Cava），其生产工艺与香槟类似。其他地区酿造的汽酒，包括法国的其他酿酒地，都不能使用香槟酒或卡瓦酒的名称。

13. 加强型葡萄酒　酿造最后一类葡萄酒，在发酵过程中或发酵后添加烈酒。加烈后的酒往往甜度和酒精含量都很高。

六、我国主要葡萄酒品牌

（一）中粮酒业长城葡萄酒品牌

中粮酒业隶属中粮集团五大业务群之一——中粮国际（北京），负责中粮酒类业务总体战略规划的制定与实施，管理中粮投资控股的酒类企业。

中粮国际（北京）为中粮集团五大业务群之一，负责协调、管理油脂、酒业、巧克力、面粉、食品贸易、饮料等业务，分设油脂部、酒业部、巧克力部、面粉部、粮谷贸易部、果菜水产部、食品贸易部、饮料部8个业务单元；其下大部分业务已在香港联交所上市。上市公司“中国粮油国际有限公司”，简称“中粮国际”，主营业务是食用油、豆粕及相关产品、酒类、糖果、面粉制造及贸易；公司设定的战略目标是成为中国食品行业品牌消费品的领袖公司，成为海外投资者进入中国食品市场的重要渠道。

中国粮油食品（集团）有限公司1952年在北京成立，主要业务包括农产品贸易、食品加工、地产开发、酒店经营和金融服务，是中国最大的进出口公司之一，从事农产品和食品进出口贸易历史最悠久、实力最雄厚的中国企业，连接中国粮油食品市场与国际市场的重要桥梁。在葡萄酒、精炼食用油、面粉、啤酒麦芽、番茄制品、印铁制罐、金属瓶盖等行业居中国领先地位，旗下拥有长城葡萄酒、福临门食用油、金帝巧克力、黄中皇绍兴酒等品牌和产品。

中粮酒业旗下的酒类生产企业和销售公司主要有：中国长城葡萄酒有限公司、华夏葡萄酿酒有限公司、烟台中粮葡萄酿酒有限公司、中粮酒业有限公司、深圳市华夏红酒业有限公司、烟台长城酒业有限公司、秦皇岛华夏长城酒业有限公司等。

中粮酒业的主要产品品牌为“长城”。长城牌葡萄酒是中国最著名的葡萄酒品牌之一。

长城系列葡萄酒是中国最早按照国际标准酿造的优质葡萄酒，出品了中国第一瓶干白和第一瓶干红葡萄酒，是中国名牌产品，产销量居全国第一，长城葡萄酒商标是中国驰名商标。

中粮酒业目前拥有中国长城葡萄酒有限公司（河北沙城）、华夏葡萄酿酒有限公司（河北昌黎）和烟台中粮葡萄酒有限公司（山东蓬莱）3个葡萄酒厂。

（二）王朝葡萄酒品牌

中法合营王朝葡萄酿酒有限公司始建于1980年，是中国第二家、天津市第一家中外合资企业，合资的外方为法国人头马亚太有限公司和香港国际贸易与技术研究社。

王朝公司从国外引进了具有国际先进水平的葡萄酒生产设备和技术，拥有国际酿酒名种葡萄原料种植基地近3万亩，建立了技术开发（科研）中心，有强劲的科技开能力。现生产包括发酵酒系列、白兰地系列、香槟酒系列、礼品酒系列四大系列29个品种，生产能力为4万吨/年，是亚洲地区规模最大的全汁高档葡萄酒生产企业之一。

王朝酒曾获14枚国际金奖、8枚国家级金奖，被布鲁塞尔国际评酒会授予国际最高质量奖。农业部首批将王朝酒确定为无污染、无公害、无病毒、营养丰富的绿色食品。目前王朝酒被指定为国宴用酒，供应231个我国驻外使、领馆，产品还远销美国、加拿大、英国、法国、日本、澳大利亚等20多个国家和地区。随着王朝酒知名度的不断提高，经评估王朝酒的品牌价值已达25.01亿元人民币。

王朝公司具有现代化的管理运营机制，1989年，被批准为国家二级企业；1996年，通过了ISO 9002质量管理体系认证；2000年，取得了ISO 14001环境管理体系认证；“王朝”被国家工商总局认定为“中国驰名商标”；1996年，《王朝全汁葡萄酒规模化生产工艺技术的研究》获国家科技进步三等奖、2001年，《王朝高档干红葡萄酒酿造技术与原料设备保障体系的研制与开发》获国家科技进步二等奖，成为我国酿酒行业唯一两次获此殊荣的企业；《提高企业竞争力的优化管理》荣获国家企业管理现代化创新成果二等奖；2002年，王朝酒被国家质量监督检验检疫总局认定为“免检产品”和中国名牌称号。公司还连续多年获得天津市优秀外商投资企业、天津市优秀企业、全国双优外商投资企业、中国食品行业质量效益型先进企业、全国质量效益型先进企业等荣誉称号。

（三）张裕葡萄酒品牌

1892年，著名的爱国侨领张弼士先生为了实现“实业兴邦”的梦想，先后投资 300 万两白银在烟台创办了“张裕酿酒公司”。

山东烟台年平均气温 11.1～12.6 ℃，平均无霜期为 215 天。全年≥0 ℃的活动积温 4 424.8 ℃，＞10 ℃的活动积温 3 924.7 ℃。葡萄生长季节＞10 ℃的活动积温 3 228 ℃，年平均降水量 735 毫米。空气相对湿度年平均 70.5%，春季平均降水 108.6 毫米，夏季平均降水 443.5 毫米，秋季平均降水 150 毫米。葡萄生长期内水热系数 1.48，全市日照年平均 2 658 小时，日照百分率平均为 60%，棕壤土占总土地面积的 80.69%。

经过 100 多年的发展，张裕已经发展成为中国乃至亚洲最大的葡萄酒生产经营企业。1997 年和 2000 年张裕 B 股和 A 股先后成功发行并上市，2002 年 7 月，张裕被中国工业经济联合会评为“最具国际竞争力向世界名牌进军的 16 家民族品牌之一”。在中国社会科学院等权威机构联合进行的 2004 年度企业竞争力监测中，张裕综合竞争力指数居位列中国上市公司食品酿酒行业的第八名，成为进入前十强的唯一一家葡萄酒企业。

面对市场机遇和葡萄酒行业的激烈挑战，张裕确定的发展战略目标是：实现销售收入 50 亿元，利税 15 亿元，进入世界葡萄酒酒业前 20 强，成为国际著名的葡萄酒企业集团。

（四）北京龙徽葡萄酒品牌

1910 年，法国圣母天主教会沈蕴璞修士于北京阜外马尾沟 13 号法国圣母天主教墓地创建用于教会弥撒、祭祀和教徒饮用酒的葡萄酒窖，并聘请法国人里格拉为酿酒师，生产法国风格的红，白葡萄酒，年产量仅为 5 ~ 6 吨。1946 年，注册为北京上义洋酒厂，正式向外出售葡萄酒。新中国成立后收归国有，有职工 13 人，年产量仅为 10 余吨。1959 年 2 月，北京市政府将其更名为北京葡萄酒厂，并迁址于燕京八景之玉泉山东南，并注册了“中华”品牌，其主要产品桂花陈、莲花白和中国红均为世界或国内首创的新产品，而且切合当时中国消费水准和消费需求，因此，在市场竞争中处领先地位。1987 年 3 月 17 日建立北京龙徽酿酒有限公司，1988 年，由中国特选葡萄，璧合法国先进酿酒技术，诞生了第一瓶葡萄酒，时值中国农历龙年，故为龙徽。

龙徽选择了距北京 150 千米、有 800 多年葡萄栽培历史的河北怀来县建立自己的葡萄园，园中引进了十几种世界名种葡萄，为酿造纯正的法国风味的葡萄酒提供了最必要的优质原料。“我们保证每一瓶龙徽都是用 100%中国葡萄酿造”这句话成为龙徽人的承诺。

龙徽是中国最早生产单品种葡萄酒的厂商之一，其龙徽夏多内和龙徽赤霞珠获国内、外一致推崇。龙徽是中国最早的起泡酒生产商，也是最早按香槟地区传统方法生产起泡酒的厂家之一。龙徽是中国第一个按原产地标准的厂商之一。1996 年生产出第一瓶原产地“怀来珍藏”红葡萄酒。

自 1989 年 10 月龙徽葡萄酒在法国兰斯地区获得金牌以来至今，龙徽在各地的世界葡萄酒比赛及国际专业葡萄酒大赛上荣获大奖、金奖等 27 个奖项。

龙徽目前拥有龙徽葡萄酒系列、中华葡萄酒系列、澳大利亚哈迪葡萄酒系列、法国葡萄酒系列等 61 个产品，其中包括了干红、干白、桃红、起泡酒、冰酒等多种类型，并配有 26 种礼盒供消费者选择。

（五）容辰庄园葡萄酒品牌

容辰庄园葡萄酒股份有限公司是一家生产销售葡萄酒的中美合资的股份制企业，注册地在有中国葡萄酒之乡之称的河北怀来，注册资金 5 000 万元。公司现有员工 500 人，有容辰葡萄庄园、容辰葡萄酒园、容辰旅游区、营销总部（北京）、北京分公司、天津分公司、上海分公司和广州办事处八个分支机构。公司始建于 1997 年，是中国葡萄酒企业中的新生代。

该公司核心产品为容辰庄园干红、干白系列葡萄酒，有 4 个种类，6 个包装规格。容辰庄园葡萄酒是以法国特有的酒庄（Chateau）模式生产的在国内具有极大创新意义的精品葡萄酒。

容辰葡萄庄园是酿酒葡萄专业种植园，占地 200 公顷。庄园规划为葡萄种植区、试验示范区、生活办公区、休闲娱乐区四大功能区，总占地面积 204 公顷。其中葡萄种植区在庄园占地面积最大，约 190 多公顷，系统规划为乔灌草各级防护林系统，各级道路系统，机井灌溉配套系统，酿酒鲜食品种葡萄栽培系统。在生产管理上又分为六大生产作业区。试验示范区占地面积 1 公顷，主要开展对葡萄新品种、新技术、新成果的试验示范工作。为科学指导生产、提高技术水平、降低生产成本积累和探索成功的经验。生活办公区位于庄园的中心位置，设计为别具特色的 E 形建筑，由主建筑、广场、草坪、花池、长廊、旗台构成。办公区设办公室系统、会议室、展厅、客厅、休息室等。生活区有食堂、宿舍、水房、浴池、库房、娱乐厅等。休闲娱乐区位于庄园湖边，占地 4 公顷，集娱乐、餐饮、住宿、旅游及其他服务于一体，开发吧台品酒、葡萄迷宫、采摘垂钓、休闲健身、旅游观光等项目。设计有四合院、蒙古包、东北篱笆墙、跷跷板、滑梯及沙滩浴场等。使游客真正体会到文化旅游的意义，享受到“住在此、吃在此、玩在此、学在此”的庄园风格。庄园葡萄苗木源自法国，有世界名种酿酒葡萄赤霞珠、美露、霞多丽等。在葡萄种植方面，采用工业化、集约化管理，作为产业工人的农民在规范的科学技术指导下统一作业。在科研方面，与高等院校挂钩，成立了容辰葡萄技术研究中心，展开葡萄新品种适应性研究及葡萄优质、丰产、无公害栽培技术研究。2000 年，庄园被确定为联合国教科文组织农村教育研究与培训中心联系基地。

容辰葡萄酒园作为容辰庄园葡萄酒的生产基地，位于庄园东 1 公里，设计规划为主体建筑、广场庭院两部分。主体建筑外观别具欧式风格，按其功能设计为 5 个部分：联合车间（主要包括葡萄前加工段、发酵工段、冷冻工段、贮酒工段等）、灌装车间（主要包括一条全自动化 3 000 瓶/小时的灌装线、半成品库、成品库等）、地下酒窖（酒窖为欧式设计，与贮酒车间相接，建筑面积 400 米^2，设计有过道、壁灯、通风口、木架、壁画、橡木桶等，可贮 1 000 吨高档酒）、污水处理站（生产用水、生活用水全部经过净化处理）、办公楼和宿舍楼（办公楼设计有办公室系统、会客厅、葡萄酒展厅、品酒屋等。宿舍楼是工作人员住宿的地方，设有后勤部、食堂、酒吧等）。广场庭院是占地面积较大的部分。设计有欧式铁艺大门、围墙、道路、路灯、树木、草坪、花园、假山、雕塑，配有石凳、石桌。容辰葡萄酒园设计生产能力为年产葡萄酒 3 000 吨，约 400 万瓶，酒园在酿酒工艺上除采用最先进的意大利设备之外，在发酵罐智能控制、除酒石稳定系统、过滤、真空无菌灌装和木桶陈酿方面都有独特的方法和优势。酒园拥有一座 600 米^2，可储酒 1 000 吨的欧式酒窖，工艺考究，气势恢弘。

容辰葡萄庄园及葡萄酒园位于北京西北部美丽的官厅湖畔，周围群山环抱，风景秀美。庄园、酒园均为欧式风格设计，酷似法国波尔多的城堡。庄园日月星辰度假村可以为客人举办品酒、卡拉 OK、红酒晚宴、篝火晚会等活动。游人可以亲手采摘葡萄，还可以在酿酒师的指导下自酿葡萄酒，并在自己设计的瓶贴上签上名字，感觉妙趣横生。

容辰庄园和酒园组成的容辰酒庄是中国最早建立的欧式风格的私家葡萄酒庄，具备酿制国际标准的高品位葡萄酒的基本条件，其设计理念和企业运行模式符合欧美主要葡萄酒生产国的特色。

容辰庄园葡萄酒在 2001 年 4 月第四届希尔顿国际葡萄酒与食品展示会上获得国内干白第一名、干红第二名，并且从 2001 年 6 月起，被指定为钓鱼台国宾馆国宴特供酒。2003 年在烟台举行的有 40 余家葡萄酒厂参加，45 种葡萄酒参评的活动中，国内 60 名品酒专家采取盲评方法，容辰庄园干红葡萄酒荣获第一名。在 2005 年 2 月结束的伦敦国际评酒会上，获得干红金奖，干白

银奖。

容辰庄园葡萄酒分为普通装、国宴系列、珍藏系列、国宴礼品系列、珍藏礼品系列 10 款产品，主要品种为赤霞珠、霞多丽。

（六）莫高葡萄酒品牌

甘肃莫高实业发展股份有限公司成立于 1995 年 12 月 29 日，注册资本为 13 840 万元。公司主营业务为农产品及加工品、药品的生产和销售。主要产品为大麦芽、葡萄及葡萄酒、甘草系列产品，现有员工 1 171 人，下设六个分公司和两个控股子公司，其中包括甘肃莫高实业发展股份有限公司葡萄酒厂。2004 年 3 月 24 日，甘肃莫高实业发展股份有限公司首次公开发行人民币普通股（A 股）5 600 万股在上海证券交易所成功上市。目前，莫高股份总资产 9 亿元，净资产 5 亿元。

莫高股份葡萄酒厂现为甘肃省最大的葡萄及葡萄酒生产企业，拥有甘肃省最大规模的葡萄种植基地，是甘肃省重要的生态农业示范种植基地和优质脱毒葡萄种苗生产基地。2000 年，莫高股份被甘肃省科技厅认定为高新技术企业；2001 年，被国家有关部委确认为农业产业化国家重点龙头企业；2002 年，被甘肃省兰州市国家税务局评为“诚信纳税 50 强”企业之一，2002 年被中国农业银行甘肃省分行评为 AAA 级信用企业，2003 年被甘肃省银行业协会评为“甘肃省银行业诚信客户”，2003 年被甘肃省人民政府授予“甘肃省优秀企业”称号，被甘肃省农业产业化工作领导小组办公室认定为甘肃省第一批农业产业化重点龙头企业，被甘肃省名牌战略推进委员会认定为甘肃省创名牌先进企业。

莫高股份生态农业示范种植园区地处甘肃武威（北纬 36°46′～38°09′）腾格里沙漠南缘，祁连山北麓。园区土壤为中性到弱酸性沙壤土，是酿酒葡萄最适宜的生长土壤；年均降水量 191 毫米，年均日照时数为 2 724.8 小时，≥10 ℃的有效积温在 2 800～3 200 ℃，昼夜温差大，特别是 6～9 月，昼夜温差在 14 ℃左右，水热系数小于 1.5，为葡萄的成熟创造了得天独厚的自然条件，加之降水量少，气温高，园区内很少发生病虫害，同时园区周围方圆 50 千米以内无工业污染，是国内公认的绿色食品生产基地。

据史料记载，早在 2 400 年前，凉州就有了葡萄。汉武帝元狩四年，张骞出使西域，带回葡萄种子，并引入酿造技术，从此武威就有了栽植酿造葡萄并有了葡萄酒，使凉州成为中国葡萄及葡萄酒的发祥地。历代骚人墨客更是与凉州葡萄及葡萄美酒结下了不解之缘，唐代诗人王翰《凉州词》：“葡萄美酒夜光杯，欲饮琵琶马上催。醉卧沙场君莫笑，古来征战几人回。”清代的张澍《凉州葡萄酒》：“凉州美酒说葡萄，过客倾囊质宝刀。不愿封侯县斗印，聊拼一醉卧亭皋。”1983 年，莫高股份发展葡萄基地 2 000 亩。1997 年，莫高葡萄酒项目被甘肃省政府列为再造河西和农业产业化重点建设项目。自 2000 年以来，莫高股份从 126 个葡萄品种中筛选出适宜本地区栽培与酿造的世界优良品种 12 个：包括解百纳系列、比诺系列、雷司令、法国兰、霞多丽、贵人香、梅尔诺等葡萄品种。用这些葡萄原料生产了“莫高”牌干型、半甜起泡葡萄酒、冰酒等。

目前，莫高股份生态农业示范种植园区葡萄种植面积已发展到 1 万亩，是甘肃省最大规模的葡萄种植基地，是甘肃省重要的生态农业示范种植基地和优质脱毒葡萄种苗基地，2001 年生态农业示范种植园地作为葡萄优质丰产综合配套栽培技术项目成员单位，获农业部全国农、牧、渔业丰收奖二等奖；2003 年上半年又被中国生产研究中心评为“信誉、质量、服务 AAA 级企业”。

1999 年，莫高牌葡萄酒被中国绿色食品发展中心评为绿色食品，并于 1999 年通过 ISO 9002 国际质量体系认证。2000 年，获中国方圆标志认证委员会质量认证中心认证；2001 年，被中国食品工业协会认定为中国名优食品；2002 年，莫高牌精品冰葡萄酒被指定为钓鱼台国宾馆国宴特供酒；2003 年，通过 ISO 14001 环境管理体系认证。

目前甘肃莫高实业发展股份有限公司葡萄酒厂拥有干红、干白、冰酒三大系列 11 种产品。

（七）通化葡萄酒品牌

通化葡萄酒股份有限公司地处长白山脉西麓，始建于 1937 年。通化牌系列葡萄酒被评为中国名牌和中国驰名商标。葡萄原酒总加工贮藏能力 5 万余吨，年生产能力 3 万吨。

通化葡萄酒从 1960 年开始先后被评为省、部、国家名酒和优质酒，荣获各种奖项 50 余次，其中金奖 15 次、银奖 9 次及其他奖励和荣誉称号。

2001 年 1 月 15 日，通化葡萄酒股份有限公司股票正式挂牌上市。2004 年 9 月，新华联集团收购通化葡萄酒股份有限公司 29.07%的股权。新华联集团与东宝集团分别为通化第一、第二大股东。新华联和东宝集团雄厚的实力资源，为通化葡萄酒注入了全新的活力。

2005 年 3 月，通化牌葡萄酒在成都成功推出 14 款全新产品，目前共拥有冰葡萄酒、甜型葡萄酒、干型葡萄酒、半甜型葡萄酒、礼品盒五大系列 41 个品种。

（八）茅台葡萄酒品牌

贵州茅台酒厂（集团）昌黎葡萄酒业有限公司系贵州茅台酒厂有限责任公司与香港通宝葡萄酿酒有限公司共同投资设立的一家中外合资企业，公司正式成立于 2002 年 7 月 30 日，位于河北省昌黎县。

茅台葡萄酒业有限公司采用法国和意大利的先进设备，目前年生产成品酒 4 500 吨，占地 73 458.2 米^2，拥有固定资产 6 000 多万元的规模。产品采用赤霞珠和霞多丽等优良酿酒葡萄为原料，包括了干红系列、干白系列和礼品系列三大类 30 多个品种。公司中现有员工 39 人，大中专毕业生占 87%以上，并聘请了葡萄酒专家李华先生担任技术顾问。

茅台葡萄酒业有限公司现正在进行 ISO 9001、ISO 14001、ISO 18001 三项标准的整合培训。

（九）华东葡萄酒品牌

青岛华东葡萄酒酿酒有限公司始建于 1985 年，由青岛益青国有资产控股公司、山东省粮油食品进出口公司、英国联合多美酿酒有限公司三方合资成立。华东庄园坐落在崂山脚下，占地千余亩，是中国第一座具有欧洲风格的葡萄酒庄园。

目前，华东葡萄酒庄园是集种植、生产、旅游、贸易于一体的企业，同时也是青岛市对外接待的窗口，每年接待大批的中外游客。澳大利亚前总理霍克、乒乓球世界冠军瓦尔德内尔、英国驻中国大使等都曾来此参观。1999 年，法国波尔多葡萄酒展览会在中国多个城市考察研究，决定将两年一度的国际葡萄酒、蒸馏酒技术设备及葡萄酒种植博览会的地址设在青岛。

青岛华东葡萄酿酒公司按照 AOC 标准生产酿造单品种产地年份高级葡萄酒——华东莎当妮、华东薏丝琳等全干型葡萄酒。1987 年，华东莎当妮在布鲁塞尔世界葡萄酒精英大赛中荣获金奖，之后，华东葡萄酒被载入《世界葡萄酒百科全书》的中国葡萄酒。伦敦葡萄酒及美食协会主席盖尔·莱特到公司参观时称，这是他在中国品尝到的最好的干白葡萄酒。

（十）云南红葡萄酒品牌

云南红酒业集团有限公司创建于 1997 年，由香港通恒国际投资集团独资经营的及葡萄种植、酿造和销售、研究开发及葡萄皮籽综合加工于一体的完整产业链和产业化集团。

云南红酒业集团有限公司是目前云南省外资投入农业产业化到位资金最大，建设速度最快的大型项目之一。已形成云南高原葡萄酒有限公司、云南红酒庄葡萄酒有限公司、云南高原葡萄种苗公司、云南高原葡萄种植公司、云南葡萄研究发展中心、云南高原品牌策划有限公司、云南高原生物资源开发有限公司等数家公司构成的产业集团。

云南红现已拥有 20 000 亩包括玫瑰蜜、赤霞珠等世界知名酿酒葡萄品种组成的旺盛期优质酿酒葡萄种植基地；并拥有年出圃万百万株优良酿酒葡萄的种苗基地；拥有依照国际标准在葡萄园区内建立的大型现代化厂房及国际一流的葡萄酒生产设备，目前年生产能力为 20 000 吨。云南红拥有长江以南最大的橡桶酒窖，是长江以南拥有最大规模酿酒葡萄种植园和葡萄酒厂的葡萄酒业集团公司。

目前云南红拥有 5 个系列十几个品种的葡萄酒产品。2000 年 8 月，云南红干红酒包装荣获第三届中国酒行业装潢大赛的金爵奖，2000 年 8 月，法国巴黎首届中国名茶名酒博览会上荣获包装综合特别奖。1999 年 5 月，昆明世博会开幕国宴上，江泽民主席与应邀来访的柬埔寨西哈努克亲王及 100 多个国家的首脑、官员们共同举杯庆贺，饮的就是云南红。翌年 10 月，云南红成为北京钓鱼台国宾馆制定国宴用酒。自 1998 年起，云南红出口日本、马来西亚、柬埔寨、越南、新加坡、美国等多个国家。

云南的葡萄和葡萄酒产业是云南省政府及烟草之工业后重点扶持的又一经济支柱产业，云南红酒业集团作为该产业的龙头企业，得到了地方各级政府的大力支持，被喻为云南“红塔山后又一红”。

（十一）贺兰山葡萄酒品牌

广夏（银川）贺兰山葡萄酒业有限公司宁夏贺兰山葡萄酒业有限公司是集科研、种植、贸工、出口、销售为一体的现代化企业。公司于 1997 年 11 月正式成立。

贺兰山葡萄基地与世界著名酿酒葡萄产区——法国波尔多在地理位置、自

然气候、灌溉条件、土壤结构等方面都很相似。贺兰山葡萄基地是世界最大连片葡萄生产基地，规划种植 10 万亩，丰产葡萄园 2.6 万亩。100%采自贺兰山葡萄基地生长的赤霞珠、品丽珠、霞多丽、雷司令、赛芙蓉、梅鹿特、蛇龙珠等 20 多种世界名优酿酒葡萄品种。

贺兰山葡萄酒引进意大利酿酒和灌装设备，由法国波尔多酒商行会与中国西北农大葡萄酒学院联合监制，所生产的产品符合 OIV 国际标准。

法国波尔多葡萄酒学院克劳瑞院长评价说："贺兰山葡萄酒色泽亮丽，口感丰满，酒质悠长，实为世界级好酒。"法国波尔多酒商行会会长波杰称赞她说："贺兰山葡萄晶莹闪亮，口感纯正，果香浓郁，醇美厚重，后味耐品，她将成为世界上有影响的葡萄酒"。

贺兰山葡萄酒是在西北地区首家获得国家 ISO 9001：2000 质量管理体系和 ISO 14001：1996 环境管理体系双认证。产品在巴黎荣获法国国际旅游联合会为葡萄酒设立的最高奖项——金葡萄奖。

（十二）地王葡萄酒品牌

昌黎县位于北纬 39°25′～39°47′，地处河北省东北部。属东部季风区暖温带，半湿润大陆性气候，四季分明。日照、降水量、昼夜温差、无霜期等都与法国的葡萄酒产地波尔多极为相近。它东临渤海，北依燕山，西南扶滦河，受山海河的影响，形成了独特的区域性特点，年有效积温在 3 940 ℃以上，降水量 725 毫米，年日照时数 2 600～2 800 小时，昼夜平均温差在 12 ℃。土壤为砾石和沙质地，葡萄的含糖量高，挂果时间长，采收期较迟，一般在国庆节前后。

昌黎有 300 多年的葡萄栽培历史，素有"花果之乡"美称的昌黎，特别适宜赤霞珠、梅鹿辄等酿酒葡萄的栽培。早在 20 世纪 80 年代初，昌黎县就被国家轻工业部定点为引种国际优质干红葡萄并研制开发高档干红葡萄酒基地，并由轻工业部发酵研究所高级工程师郭其昌主持开发研制出中国第一瓶高档干红葡萄酒。1995 年以后，国内干红酒市场攀升，昌黎县政府决定把干红作为当地的支柱产业，并作出了到 2000 年发展酿酒葡萄 10 万亩，年产干红酒 5 万吨的长远规划。1997 年年底，昌黎县赤霞珠葡萄种植面积有 1 万亩，其中结果的有 4 000 亩。同年 11 月，该县从法国引进 100 万根无病毒赤霞珠扦插枝条，于 1998 年春季全部定植田间，使全县葡萄基地由 1 万亩扩大到 4.3 万亩，面积跃居全国首位。1999 年该县再扩基地 3 万亩，使酿酒葡萄种植面积达到 7 万多亩。2000 年，昌黎县被国家命名为"中国酿酒葡萄之乡"和"中国干红酒城”。2002年8月，昌黎葡萄酒获国家原产地域产品保护，成为我国第一个获得原产地域保护的葡萄酒产品。目前，全县酿酒葡萄种植面积达到10万亩，葡萄酿酒企业总数已达30多家，葡萄酒年生产规模25万吨，成为全国最大的干红葡萄酒和干红原酒生产基地，并涌现出了华夏长城、地王、越千年、茅台、紫金城、丘比特等一批知名品牌。昌黎的干红酒产量已占国内市场份额的25%，出口量排名国内第一，远销英国、法国、德国、美国等20多个国家和地区。

昌黎地王酿酒有限公司地处燕山山脉，濒临渤海湾，是民营大型企业，现有员工800人，主要生产白酒、葡萄酒、果露酒，年生产能力可达2.5万吨。地王集团于1958年建厂，开始生产葡萄酒、白酒。1978年引进法国制造葡萄酒工艺及技术，开发出中国第一瓶干红葡萄酒。现已开发酒类产品128种，除鼋鱼酒、大補酒、白酒常年销售日本、韩国外，地王干红葡萄酒还销往英国、澳大利亚、新西兰，在国内行销28个省（自治区、直辖市），以华北地区、广东、福建为主要销售地区。地王产品先后荣获国际金奖9枚，省市优质产品奖36枚，河北省免检产品，环保达标企业，通过ISO 9000认证企业。昌黎地王酿酒有限公司是中国第一家引进法国葡萄苗木；是中国第一瓶干红葡萄酒生产厂；是中国干红葡萄酒第一枚质量金奖荣获单位。公司共有葡萄基地3万亩，与农户共同栽培，已实现了农业产业化，被河北省政府评为农业产业化龙头企业。

（十三）龙泉葡萄酒品牌

昌黎县龙泉葡萄酿酒有限公司，隶属于昌黎县嘉泰集团有限公司。该集团下属：秦皇岛嘉泰房地产开发有限公司、昌黎县华丰建筑公司、昌黎县龙泉葡萄酿酒有限公司及昌黎县嘉泰商场等四个企业。

昌黎龙泉葡萄酿酒有限公司，位于渤海湾的秦皇岛市昌黎县。拥有资产4 500万，占地68 000米^2，厂区建筑面积7 500米^2，现有职工80人，其中拥有全国干红酿酒顶尖技术人员、高级技师及参加中国第一瓶干红酒开发研制的高级工程师多人。年原酒产量达10 000吨，成品酒生产量5 000吨。目前主要产品有干型酒、甜型酒、起泡酒、特种酒等四大系列30多个品种，主导产品为“福波斯”和“紫金城”系列葡萄酒。

昌黎龙泉葡萄酿酒有限公司地处河北省昌黎县城东工业园区，在北纬39°25′～39°47′，属典型的海洋气候，四季分明。日照、降水量、昼夜温差、无霜期等都与法国的葡萄酒产地波尔多极为相近。它北依燕山，南临渤海，西挟滦河，受山海河的影响，形成了独特的区域性特点。

2000年，昌黎县被农业部授予“中国葡萄之乡”和“中国干红酒城”，昌

黎县葡萄被国家命名为国家原产地域保护产品。

（十四）马丁葡萄酒品牌

河北马丁葡萄酿酒有限公司是由中粮酒业下属的中国长城葡萄酒有限公司、英国3T亚洲有限公司和英国中海控股国际有限公司共同合资兴建的生产和销售系列葡萄酒、葡萄原酒的企业。公司地处河北省怀来县桑园镇，距沙城18千米，距官厅水库5千米。该地域温度、土质、气候、日照、所处纬度极有利于葡萄种植，被著名葡萄栽培专家欧阳寿如称之为“自然形成的最适宜葡萄生长的独有地域”。公司总投资3 000万元人民币（其中固定资产投资2 000万元），拥有由意大利引进的世界最先进的葡萄酒生产设备，年生产能力5 000吨。

河北马丁葡萄酿酒有限公司自1997年成立以来，连续三年被河北省政府确定为外商投资先进技术企业，每年为中国长城葡萄酒有限公司提供3 000吨以上的葡萄原酒，同时公司已在北京、上海、天津、广东、江苏、浙江、山东、吉林、辽宁、宁夏等地建立了马丁葡萄酒及马丁原酒销售网络系统，并形成了一套完善的营销体制。

该公司因地制宜地发展酿酒葡萄基地5 000亩，其中种植干红酒葡萄3 500亩，种植干白酒葡萄1 500亩，年产葡萄可达7 000吨。于2000年投资200万元建成生产能力在3 000瓶/小时的葡萄酒灌装生产线，生产、销售具有马丁庄园传统风格的系列葡萄酒。

河北马丁葡萄酿酒有限公司现生产马丁系列干红、干白葡萄酒及马丁系列干红、干白葡萄原酒。公司现开发和生产了马丁系列干红、干白葡萄酒、礼盒酒，共有2个系列8个品种。

（十五）怀来斯帕多内葡萄酒品牌

怀来斯帕多内葡萄酒庄有限公司是阿根廷斯帕多内集团2001年在河北省怀来县桑园镇收购的一家葡萄酒企业。原企业始建于1993年，1996年经过扩建，占地20亩，拥有固定资产1 500万元，年生产干白、干红葡萄酒4 000吨。

该公司地处长城脚下、官厅湖畔、怀涿盆地的中心，位于北纬40°种植葡萄的“黄金地带”。这里平均海拔792米，年均降水量400毫米左右，气候冷凉干燥，光照充足，热量适中，昼夜温差大，土壤为褐土，质地偏沙，多丘陵山地，排水良好，是中国历史悠久且规模最大的葡萄及葡萄酒产区之一。

怀来斯帕多内葡萄酒庄有限公司所生产的干白、干红葡萄原酒采用赤霞珠、蛇龙珠、霞多丽、白诗南、龙眼等，酒体醇厚，风味独特，除长期供应中国长城葡萄酒有限公司以外，还销往北京、天津、山东、吉林、宁夏、甘肃、四川等省（直辖市）葡萄酒企业。

（十六）圣大葡萄酒品牌

通化圣大葡萄酒股份有限公司，始建于1996年，是吉林省较大规模的葡萄酒专业生产厂家之一。厂区位于吉林省通化市郊的西昌工贸开发区，公司注册资本3 020万元，现有总资产9 700万元，占地面积2.4万米^2，建筑面积1.6万米^2，职工98人，新建成现代化办公楼和3 000多米^{2}葡萄酒生产车间，并将从意大利FIMER公司引进世界上最先进的电脑数控葡萄酒灌装生产线形成万吨生产能力，在集安、恒仁、永吉等地，公司还有千亩的葡萄生产基地，主要培育双红、双优等优良酿酒葡萄。

该公司现有“圣大庄园”系列和专为长春名门饭店、长春锦江饭店（均为五星级饭店）生产的各种干红、冰红、甜红葡萄酒以及礼品盒装高档葡萄酒共30多个品种。主要产品有：圣大庄园雅菲斯冰红葡萄酒、德保莱窖藏干红葡萄酒、雅思特高级红葡萄酒、万德福山葡萄酒和圣大庄园全汁红葡萄酒等。经国家葡萄酒质量监督检验中心在2002年、2003年、2004年连续三年抽检，质量全部合格。历年来该公司和产品被通化市、吉林省和国家有关部门授予质量信得过企业、全面质量管理达标企业、质量优秀产品、吉林省人民放心产品、吉林省行业名牌产品和中国名优品牌等十几项荣誉。2001年10月，公司通过中国方圆标志认证中心ISO 9001：2000国际质量体系认证和30个国家认可的国际认证联盟“IQNet”证书，2001年同时获得企业进出口权，圣大庄园葡萄酒已出口韩国、日本。

（十七）长白山葡萄酒品牌

吉林省长白山酒业集团始建于1936年，总资产1.6亿元人民币，注册资金5 000万元，拥有山葡萄原料种植基地1万亩，野生山葡萄、北五味子自然保护区3万亩，近2万米^{2}全地下恒温橡木桶储酒窖，储酒能力2万吨，以及新近在梅河口建成的万吨发酵站，年生产能力4万吨。

长白山酒业集团由蛟河生产基地（原吉林市长白山葡萄酒厂）、梅河生产基地（原通化天池葡萄酒厂）以及蛟河原料基地、梅河口原料基地、吉林省山葡萄与山葡萄酒研究中心等组成。其中，长白山葡萄酒厂始建于 1936 年，日本资本家饭岛庆三创办，新中国成立后由吉林省轻工业厅接管，厂区面积 10 万米^2，利用传统地下储窖储存原酒，2000 年实现改制，生产长白山牌系列酒；通化天池葡萄酒厂于 1985 年建厂，为通化地区第二大葡萄酒企业，拥有 5 000 米^2 钢架结构厂房，以及新近建成的现代化发窖站发窖与储酒设备均为白钢结构，1998 年实现企业改制，生产野山牌系列酒；山葡萄于山葡萄酒研究中心，为全国葡萄酒行业第一家省级民营葡萄酒研究中心，有 2 位国际葡萄酒组织（OIV）亚洲专家组成员，5 位国家级评委，1 位全国果露酒专家委员会成员，中级以上科研人员 28 位。

20 世纪 50 年代以来，长白山酒业集团依托长白山自然资源开发出山葡萄酒系列、五味子酒系列、洋姑娘酒系列、人参酒等滋补酒系列，白兰地、威士忌等洋酒系列，“二人转”白酒系列。长白山牌系列酒曾获国家、轻工部、省、市各种奖项 40 余项。其中，干红山葡萄酒 2001 年通过中国绿色食品发展中心“绿色食品”认证，中国山葡萄酒 2003 年被列为吉林省首批生态食品。2003 年，该集团公司被吉林省人民政府命名为农业产业化重点龙头企业，在 2004 年一季度全国山葡萄酒国家质量监督检验检疫总局质量抽检中公司产品名列榜首。长白山酒业集团始终视质量为生命，建立了一套完整的产品质量管理体系，2003 年通过 ISO 9000：2000 质量体系认证。

（十八）天池葡萄酒品牌

吉林天池葡萄酒有限公司坐落于吉林市，成立于 1997 年。公司现拥有 6 条全自动酒品生产线和一条饮料生产线，葡萄酒年生产能力 5 万吨。以池之王品牌为主的产品营销体系覆盖全国 200 多个地（县）级城市。是开发和利用我国特有葡萄品种——长白山区野生山葡萄为主业的大型股份制民营企业。

2002 年 3 月，吉林天池葡萄酒营销有限公司成立，确立以山葡萄酒为主打产品积极开拓并占领国内市场。1999 年成功推出五味子果酒、纯山葡萄酒、解百纳干红以及干白、XO 五大系列葡萄酒。2002 年，“池之王”产品市场综合占有率在中国市场排名第六位。2003 年 3 月，企业通过 ISO 9001：2000 国际质量体系认证和 ISO 14001 环境管理体系认证。2004 年 6 月初，池之王牌葡萄酒被中国质量万里行认定为中国知名品牌产品。

天池公司 2002 年被授予吉林市 50 强民营企业称号，2003 年通过了国家葡萄酒行业最权威部门检验，“池之王”进入国家系列葡萄酒优质产品红榜，2004 年被省政府授予农业产业化省级重点龙头企业，被评为 2004 年度中国最具生命力百强企业。

（十九）御马葡萄酒品牌

宁夏御马葡萄酒有限公司成立于 1997 年，是由加拿大籍华人尹向彬先生独家投资 1 亿元人民币新建的一个集种植、加工、销售、产工贸一体化、农工商同时发展的现代化企业。东临黄河、西傍贺兰山，包兰铁路、109 国道、沿山公路从这里横穿而过。公司占地面积 12 000 多亩，其中酒厂占地 100 亩，建筑面积 2 万米^2，设计年生产能力 2 万吨，并留有 5 万吨生产能力的发展余地。12 000 亩葡萄酒原料基地位于宁夏贺兰山东麓中部。

御马公司自成立以来，发展成为宁夏葡萄酒行业的龙头企业之一，现共有 3 个下属公司。即原料公司、酿酒公司和销售公司。

原料公司始建于 1999 年春，地处宁夏贺兰山中部，干燥少雨、日照充足，昼夜温差大。目前酿酒葡萄面积已达 20 000 亩，其中干红葡萄基地 1.2 万亩，干白葡萄基地 8 000 亩。所产酿酒葡萄含糖量≥180 克/升，含酸量≥6.5 克/升。

酿酒公司位于青铜峡市树新林场沿山分场。酒厂占地 100 亩，拥有发酵、灌装等大型车间。目前，公司建成及在建筑面积达 17 000 米^2，内有不锈钢发酵罐 147 个，设计发酵能力达 8 000 吨的发酵车间一座，现已投产使用；建成年灌装能力达 1.3 万吨的灌装车间一座，并预留 5 万～10 万吨灌装能力，现也已建成使用。2003 年，公司已建成年发酵能力为 12 000 吨的大型发酵车间一座，已经在第三季度交付使用。水、电、气等辅助配套设施已先期投入运行，工程完工后，公司规模达到年发酵能力 2 万吨，灌装能力 1.3 万吨。此外，公司还拥有一流的设备和一流的工艺。整个生产线的全部设备都从意大利引进；在工艺上，聘请国内知名酿酒专家组织生产，严格按照生产工艺标准执行。

酿酒公司现拥有员工 100 余人，其中管理人员 17 人，工程技术人员 10 人，产品设计人员 3 人，生产工人 70 余人。

销售分公司位于银川市，现有员工 22 人，其中大专及以上学历占员工总体比例的 80%。已经建立了一个由市场部、销售部、拓展部、促销部、配送部、财务部为一体化的完整的组织体系。

（二十）东尼葡萄酒品牌

青岛东尼酿酒有限公司，是国内酿制高档葡萄酒的首家外商独资企业，成立于1994年4月，注册资金130万美元，累计投资400余万美元。东尼酿酒公司公司位于青岛高科技工业园李沙路北侧，毗邻崂山西麓，距崂山旅游区4千米，距石老人度假区5千米。

东尼酿酒公司先后从德国、意大利、美国、法国引进具有当今国际领先水平的气膜式压榨机、旋转式发酵罐、移动式冷冻设备、全自动消毒包装机、橡木桶等葡萄酒酿造设备；公司现占地70余亩（崂山、胶州厂区）设计能力5 000吨，自营葡萄基地500亩，现有赤霞珠、品利珠、西拉、莎当妮等名优葡萄品种；聘请澳大利亚及国内一流酿酒师，采用先进的旋转发酵工艺精酿出具有国际品质的东尼牌系列高档葡萄酒。

公司设有专职科研与检测机构，拥有国家级品酒师、高级酿酒师2名，助理酿酒师3名，1人曾被派往法国波尔多葡萄酒学院学习。

葡萄在当地发酵站及时脱梗、压榨并发酵后，再将原酒运回公司用不锈钢罐或橡木桶陈酿，装瓶前对原酒的细菌菌群进行了三次过滤。

（二十一）茂祥葡萄酒品牌

通化茂祥葡萄酒股份有限公司位于长白山区的吉林省通化市，成立于2000年7月，是中华茂祥集团有限公司的全资成员公司。注册资金6 000万元，占地面积2.5万米^2，年生产能力8 000吨。现拥有近7 000吨的原酒不锈钢发酵罐和贮藏罐。生产主要原料来源于鸭绿江畔的“茂祥万亩葡萄园基地”。该公司现有干酒系列、甜酒系列、加香酒系列、汽酒系列近30个品种。

（二十二）通天葡萄酒品牌

通化通天酒业股份有限公司成立于2001年，位于鸭绿江畔的山城通化，拥有厂区面积7万米^2，固定资产1亿元，三条现代化生产线，年生产能力3万吨，原材料生产基地1万亩，原汁储藏能力2万吨，实现利税3 000万元。通天酒业现有职工289人，工程师6人，国家级调酒师2人，管理人员中，研究生2人，本科学历5人，大中专学历15人。研制生产了以“通天红”为标志产品，通天山葡萄酒为特色产品，通天冰葡萄酒为创新产品的五大系列 20 个品种。

（二十三）白洋河葡萄酒品牌

烟台白洋河酿酒有限责任公司位于国际葡萄酒城——烟台，始创于 1958 年，占地 6.6 万米^2，固定资产净值 8 900 万元，年创利税 3000 万，年销售额 1 亿元。

“白洋河”于 1998 年获得国家葡萄酒质量监督检验中心第一监检品牌称号；并于 2000 年通过了 ISO 9002 国际质量保证体系认证；2002 年又被国家技术监督总局评为首批国家免检产品。为提升白洋河品牌，引进国外先进的管理经验，2002 年白洋河与法国公司合资成立了帕特里克酒业公司，同年又与英国公司合资成立了哈奇森酒业公司。

（二十四）威龙葡萄酒品牌

烟台威龙葡萄酒股份有限公司位于胶东半岛的烟台市，占地面积 20 万米^2，固定资产总值 1.8 亿元，员工 480 人，其中工程技术人员 146 名，年生产能力 6 万吨。主要产品有干酒、香槟工艺酒、白兰地以及桃红、甜红、甜白等四大系列 60 余个品种。

威龙公司地处烟台地区，这里四季分明，气候怡人，适宜优质酿酒葡萄的种植。当地出产的葡萄与世界上著名的波尔多地区葡萄品种相近，是生产优质葡萄酒必不可少的原料。1999 年，威龙公司共生产各类葡萄酒 2.8 万吨。产销量在全国同行业居第二位。根据国内贸易局商业信息中心统计，1999 年年底威龙葡萄酒国内市场占有率居国内同行业第三位，企业规模居同行业第四位。目前，威龙公司有国家级优质产品 8 个，其中威龙干红葡萄酒连续 4 年荣获国家名牌称号。1998 年又成为国内葡萄酒行业中国消费者协会唯一推荐产品，成为全国 28 个城市互免检产品。

目前威龙公司旗下拥有干型酒、甜型酒、白兰地 3 个系列 42 个品种的产品。

（二十五）香格里拉品牌

云南香格里拉酒业股份有限公司创立于 2000 年 1 月，是新华联集团控股

的股份制企业。公司注册资本 5 656 万元，是云南省首批农业产业化经营省级重点龙头企业。主要生产、销售葡萄干酒、青稞干酒（大藏秘）系列产品。公司创立以来，致力于品牌建设和市场营销，业务发展迅速，产销量及各项经济效益指标在国内同行业名列前茅。

青稞干酒（大藏秘）生产基地位于世界自然遗产金沙江、澜沧江、怒江“三江并流”的国家风景名胜区云南迪庆藏族自治州香格里拉经济开发区。公司在香格里拉腹地拥有万亩青稞种植基地和 3 000 亩优质酿酒葡萄基地。青稞干酒制备技术 2004 年获得国家发明专利和云南省科技进步三等奖。

公司在昆明经济技术开发区与河北卢龙拥有年产 2 万吨葡萄酒、青稞干酒（大藏秘）的现代化工厂。灌装机、除梗破碎机、气囊压榨机等主要生产设备全部从意大利进口，为世界一流水平。公司在河北秦皇岛市卢龙县和山东烟台蓬莱拥有 2 000 亩优质酿酒葡萄园。

2003 年通过 ISO 9000 质量管理体系和 HACCP 食品安全认证，藏秘商标为云南省著名商标，青稞干酒（大藏秘）是云南省名牌产品，目前拥有青稞系列、葡萄酒系列、礼盒系列共 26 各品种。

七、葡萄酒文化

（一）世界九大特色葡萄酒节

（1）**葡萄根瘤蚜节**（Festa della Filoxera）。在西班牙东北部圣·撒度尼镇的街道上，一尊尊五光十色的葡萄牙根瘤虫雕像在隆隆的爆竹声中缓缓“游行”，给游客呈现出一幅幅视觉盛宴，让人叹为观止。19世纪，圣·撒度尼镇的葡萄园染上了葡萄根瘤牙病，酒农艰苦卓绝的奋斗最终战胜了葡萄根瘤蚜。为了庆祝此次胜利，圣·撒度尼人开始举办葡萄根瘤蚜节。在加泰隆尼亚 San Sadurni d’ Anoia，闪闪发亮的根瘤蚜雕像被抬到街上游行，烟火将其照亮，以此纪念该镇在19世纪根瘤蚜暴发时期取得的历史性胜利。

（2）**苏拉葡萄酒节**（Sula Fest）。苏拉节是在印度主要葡萄酒产区——纳西克产区举行的。在印度，葡萄酒文化依旧风行。苏拉节是音乐、美食、美酒和众多来自孟买的葡萄酒爱好者的聚会。

（3）**葡萄园徒步节**（Wine Hike）。维也纳是奥地利首府，在寸土寸金的首都却种有700公顷葡萄园。维也纳既是国家首都，又是葡萄酒产区，市区边界葡萄园面积超过700公顷。人们可以步行穿越葡萄园，品尝很多酒厂和维也纳酒馆提供的样酒，享受当地酒馆精心搭配的维也纳白葡萄酒和特色食物。

（4）**葡萄采收节**（Ban des Vendanges）。圣埃美隆行会管事会成员将身着盛装在大街上举行游行庆典活动，告诉人们葡萄采收的号角已经吹响。在这里，人们将有机会目睹古典独特的建筑风格。

（5）**索韦托葡萄酒节**（Soweto Wine Festival）。索韦托葡萄酒节现已有8年的历史，它带给索韦托人民丰富的葡萄酒文化。索韦托葡萄酒节意欲把南非葡萄酒介绍给全世界。2012年，索韦托葡萄酒节吸引了8 000多游客参加。

（6）**葡萄丰收节**（Fete des Vendanges）。蒙马特葡萄园位于巴黎蒙马特中心，此块位于城区的葡萄园面积狭小，葡萄种植历史始于1932年。每年10月上旬，该葡萄园都会有特别策划，同时邀请众多名人参加。其种植的佳美和黑皮诺葡萄将在巴黎市政厅酿造，酿成的葡萄酒将在拍卖会上销售，其收入将捐给当地的慈善机构。

（7）**基安帝葡萄酒节（Mostra del Chianti）。**为了纪念基安帝葡萄酒，每年 5 月末，梦迪巴图镇都会举办基安帝展会。展会上，各种主题酒荟萃一堂，悦耳的音乐与美食相伴，当然，还有许多漂亮的基安帝酒瓶。

（8）**波尔多葡萄酒节（Bordeaux Fete le Vin）。**每当 6 月接近尾声，波尔多会在加伦（Garonne）河畔举行盛大的波尔多葡萄酒节。之所以选在加伦河河畔是因为波尔多的葡萄酒都是在此地装船然后出口至世界各地。此时，游客只需要购买一本试酒证就可以尽享该产区的美酒了。

（9）**哈罗葡萄酒节（Haro Wine Battle）。**哈罗葡萄酒之战又是西班牙一大奇特的葡萄酒节。节日是在里奥哈（La Rioja）的哈罗镇举行的。每年 6 月 29 日，哈罗镇的市民、游客都会身着白色衬衫，手持各种盛满酒的容器，然后往他人头上“倾盆而下”，使得在场的每个人都化身紫色精灵。

（二）国外葡萄酒节文化典型案例

（1）**亚美尼亚的葡萄酒节文化。**亚美尼亚是葡萄酒的发源地，早在远古时期，诺亚下山后就在阿拉拉特山脚的阿拉克斯河谷里定居下来。后来，诺亚在山谷里种下了第一批葡萄树，并用葡萄酿出了最古老的葡萄酒。从此，亚美尼亚就有了自己的葡萄酒生产业。如今，亚美尼亚生产的“阿勒”牌白兰地酒已闻名国内外。

如今，在亚美尼亚每到葡萄收获的时候，亚美尼亚人都会加以庆祝，这就是亚美尼亚的传统葡萄酒节文化了。阿列尼村位于埃里温东南方向 110 千米处，是亚美尼亚主要的葡萄和葡萄酒产区之一，当地居民主要以葡萄种植和酿造葡萄酒为业。阿列尼村每年都会举办葡萄酒节，为当地的葡萄酒销售提供了商机，也吸引了旅游者前来。葡萄酒节期间，当地居民多以当地自产的干红干白葡萄酒、蜂蜜和其他民族食品招待游人，并身着亚美尼亚传统民族服饰载歌载舞，一展亚美尼亚民族风情。

（2）**法国波尔多葡萄酒节。**波尔多，承载 18 世纪新古典主义建筑的风韵，细细漫步不难发现其中现代摩登的脚步在这个城市留下的足迹，两者彼此承托结合得天衣无缝。如果品尝着波尔多葡萄酒，穿过 18 世纪大剧院中的 12 根女神像柱廊，漫步于议会广场中那碎石铺砌的宁静道路，或是徜徉于路易十五风格的波尔多交易所广场，同时能感受到穿越历史与现代的震撼与葡萄酒的魔力在此交融。

波尔多葡萄酒节是法国乃至世界上最具盛名的葡萄酒节之一，于每年 6 月份举行，波尔多当地众多的酒庄和酒商，以及阿拉伯地区的风味特产家汇聚一堂，沿着河滨摆摊，形成长达2千米的葡萄酒之路。游客无需购买门票，只要花费十几欧元购买一套品酒器具便可畅游在葡萄酒的海洋里，尽情享受葡萄酒带来的美妙时光。除此之外，波尔多葡萄酒节的过人之处还在于其巧妙地融合了各种节庆元素，丰富了葡萄酒节的参与性和娱乐性，使每位游客都能醉身其中，无法自拔。节庆期间，游客在充分满足味蕾的同时还可享受视觉的盛宴。波尔多葡萄酒节每晚都会组织一些特别的活动，例如在Qnlinconces广场和Bourse广场安排大型的艺术和音乐表演，包括焰火、声光表演和音乐会等等。波尔多葡萄酒节如今已经成为当地旅游和经济的火车头，每年数以万计的游客为波尔多的相关产业带来了丰厚的利润，不仅如此，游客在带来钞票的同时还带走了对波尔多的赞誉，持续吸引更多游客走进波尔多，感受红酒佳酿的魅力。

(3) 斯图加特葡萄酒文化。巴登-符腾堡州的首府城市斯图加特每年都会定期举办一系列传统节日庆典活动，吸引来自世界各地的众多游客前往狂欢庆祝、共襄盛举。8月末，斯图加特地区规模最大、也是最美丽的葡萄酒节拉开序幕，届时斯图市中心将会建起一座葡萄酒村，作为畅饮狂欢的前沿阵地。坎施塔特啤酒节也是远近闻名的盛大节日，最早可以追溯到1818年为庆祝丰收举行的民间狂欢节。热闹奔放的啤酒节每年都能吸引数以百万计的游客，成为世界上规模最大的民间节日之一。

斯图加特是德国最大的葡萄种植区，2011年8月24日至9月4日这里举办一年一度盛大的葡萄酒节，来自世界各地葡萄酒专家和爱好者将汇集于此，觥筹交错、共品佳酿。斯图市中心，围绕老皇宫周围的集市广场与席勒广场之间建起的一座葡萄酒村，其中分布着近百家装潢精美、极富情调的葡萄酒馆，游客可以在这些雅致的小酒肆内品尝各种品质卓越的葡萄美酒。不过顾客在挑选葡萄酒时常常会犯难，因为葡萄酒村内供应500多种巴登和符腾堡地区出产的美酒，品类繁多、让人眼花缭乱。通常每人每次点“1/4”瓶品尝，同行人数较多时，也可以点一整瓶葡萄酒分享。葡萄酒节上除了美酒外还供应各式各样施瓦本的特色风味美食，例如，奶酪鸡蛋面、施瓦本方饺子、油煎土豆泥丸子配酸白菜以及其他花样的美味小吃。手持晶莹的玻璃杯、细细品味散发花果芳香的葡萄美酒，聆听精彩的现场音乐演奏，与新朋旧友谈天说地、开怀大笑，让人抛开所有烦忧、尽情享受生活的乐趣。

(4) 德国葡萄酒节。德国是葡萄酒的国度，它的枝蔓伸展到了共计13个种植区域：阿尔河、巴登、法兰克、海森伯格街、中莱茵河、摩泽尔—萨尔—Ruwer、Nahe、法耳次、莱茵高、莱茵黑森、萨勒—斯特鲁特、萨克森州和符腾堡州。因为这里是全球最北端葡萄种植地特别的气候和土质关系，德国的

葡萄酒很容易具有浓郁的水果味。时值夏日，正是畅饮葡萄酒的季节，所以德国各地的葡萄酒节在不断地上演。

9 月 30 日至 10 月 10 日在 Neustadt 城的葡萄酒街道葡萄酒节开幕了。莱茵兰—普法尔茨的举办规模被认为是世界上第二大葡萄酒节。同时，Haiselscher，在木框架房屋的小葡萄酒酒店和新城的火车站前面的广场上提供茶点饮食。同新葡萄酒相配的是，他们提供来自普法尔茨餐饮的美味佳肴。

在巴登—符腾堡州弗赖堡的明斯特广场上从 6 月 30 日到 7 月 5 日矗立着巴登葡萄酒的标志，同时也是当地葡萄酒节开幕的标志。在活动期间种植葡萄者合作社和酿酒商们向整个地区出售无数桶的葡萄美酒。同时与葡萄酒选择相配的是当地丰富多彩的巴登美食菜肴。

摩泽尔最大的葡萄酒节是在 Bernkastel—Kues，莱茵兰—普法尔茨 2011 年 9 月 1～5 日举行。活动亮点包括葡萄酒皇后评选；在城堡上的兰茨胡特 Bernkastel 摩泽尔河的焰火，装扮各异的种植者大游行和传统手工艺术者市场。葡萄酒街上各种各样的熙熙攘攘的人群和老城区广场上顶尖的音乐表演会把整个活动的气氛燃烧到沸点。

莱茵黑森 Heimersheim 的葡萄酒节是历史悠久众所熟知的葡萄酒节。在新的葡萄酒皇后被加冕后，从 8 月 19～21 日在一个中世纪的市场上当地人，慕名而来的游客，还有各类艺人一起欢庆这一盛大的节日。

7 月 28～31 日在林堡河畔拉恩市莱茵高地举行的葡萄酒节一如既往地吸引了成千上万的葡萄酒爱好者。货架上有超过 350 种的葡萄酒和起泡酒。

（5）**瑞士葡萄酒节。**瑞士的葡萄园也像它的国家一样娇小玲珑，因此很珍贵。诚实守信、勤奋节俭的瑞士人以本国的葡萄酒为荣，很喜欢饮用。在温和的夏天，瑞士不少城市都有 Party 供悠闲的瑞士人喝酒跳舞。瑞士人无论在家或餐馆，都会把盘中食物吃得一干二净。和瑞士佳肴一样，瑞士的葡萄酒，也很有地方特色，品质优良。瑞士葡萄种植业至少已有千年历史，在农业中占有很大的比例。

从日内瓦沿雷蒙湖北岸向东延伸，直到阿尔卑斯山脉腹地，处处可见葡萄种植园。而其中莱芒湖畔南边斜坡上沃州和瓦利斯州的葡萄园尤其出名。向来以山清水秀诗情画意著称的瑞士，秋天葡萄靓丽的紫色间渲染在红、黄色彩之间，不但惹眼，也昭示着秋的季节到了。每年 9 月底至 10 月初即开始“香气四溢”葡萄酒节庆祝活动，其中较为难得的是韦维市的庆典，隔很多年才举行一次（要在葡萄未成熟时由专业人士考证是否是丰收的年头）。韦维市位于日内瓦湖畔，是瑞士的著名葡萄产区，当地的葡萄节源于 12 世纪，葡萄节为这座具有“医治国际政治创伤的医院”之称的城市，添上了浓艳的一笔。节日里还会有世界各地的人前来参观。活动主要形式是长长的游行队伍，由6匹大马拉着金色大型马车开路，上坐“酒神”巴克斯，车上有酒桶和成捆的葡萄藤蔓仙女般的“丰收女神”舞行其后，队伍都穿古式服装，高唱《葡萄曲》，青年男子高举大旗，威风凛凛。在一个大的露天场所，有一个有象征意义的仪式，酒神和女神向葡萄果农赠送金桂冠。几千名的演艺人员和群众载歌载舞。

那沙泰尔是瑞士酒乡之一，大约从10世纪开始即开始栽种葡萄、酿制葡萄酒，从1925年开始居民们以节庆活动来表达对葡萄的尊重及喜爱。葡萄酒节庆时间为每年9月的最后一个周末，其间音乐、游行、品酒等活动将城市气氛推至高潮。葡萄酒节的第二天是属于小朋友的日子，身为主角的他们穿着自己设计的各式服装，戴上面具上街游行。

还有卢加诺葡萄酒节，据说，活动起源于1932年，初衷是希望借此活动与法语区的葡萄酒商保持良好的联系，也是要与邻近城市罗卡诺（Locarno）的“花节”一较高下。罗卡诺市拥有历史悠久的“花节庆”，为罗卡诺市赢得不少风头。卢加诺地区就以自己最引以为傲的葡萄园、葡萄酒，展开盛大的葡萄酒节庆，舒展自己的“紫色风华”。在节日里免费供酒，大家不醉不归。

Sagra地区在每年9月的最后一个周末也会举行葡萄酒节庆，市区的街上充满智慧的装扮，让大家眼花缭乱，市区的广场也要跃身成为大家的约会地点，大家聚集在一起享受美酒、美食。有时，还可在街上看到画家正在聚精会神地作画，各色人等都是激情燃烧。

（三）国内葡萄酒节文化典型案例

（1）烟台国际葡萄酒节。烟台是我国最大的葡萄和葡萄酒生产基地，也是亚洲最大的国际葡萄酒城。沿着700多千米的黄金海岸，现在已经发展了15万亩葡萄园；葡萄酿酒企业达到了150多家，其中规模以上企业12家；全市年产葡萄酒20万吨，占全国的1/3。葡萄种植和葡萄酒酿造已经成为烟台的一个重要产业，正在向产业化、专业化和国际化方向发展。

首届中国烟台国际葡萄酒节于2007年9月23日至10月7日召开，其主题是弘扬品牌、传承文化、共谋合作。

第二届国际葡萄酒节2008年9月23日到9月30日在烟台举办，主题为“弘扬品牌、传承文化、共谋合作”，参会参展的葡萄酒和果蔬食品企业达400多家。参会重要代表团110个，其中海外代表团83个，外商总人数2 300多人。节会期间签订协议、合同外资额6亿美元，进出口贸易成交7亿美元，其中出口5.5亿美元，国内贸易成交9亿元人民币。有29个总投资2 000万美元

以上的利用外资和内资项目签约。

第三届国际葡萄酒节举办日期为2009年9月23～29日，参会参展客商5万多人其中海外客商2 300多人。共签订协议、合同外资6亿美元，进出口贸易成交2.3亿美元，国内贸易成交3亿元。葡萄酒节旨在充分发挥烟台在葡萄与葡萄酒产业方面的优势，通过产品展示、技术交流和丰富多彩的经贸及文化活动，加强国际间在葡萄与葡萄酒领域的交流与合作，弘扬葡萄酒文化，做大做强葡萄酒产业，努力把烟台打造成享誉世界的国际葡萄酒城。会议共设海外葡萄酒品牌、国内葡萄酒品牌、葡萄酒配套产品、酿造和贮藏工艺及设备、酒标与酒器、葡萄酒文化旅游、中西美食、专业媒体8个展区，重点展示葡萄酒企业形象，葡萄酒文化及旅游，葡萄酒酿造工艺与设备及相关配套产品。葡萄酒产业高端论坛将邀请国际葡萄及葡萄酒组织高级官员、国家葡萄酒专业机构高层人士、世界排名前十位的国际葡萄酒企业CEO、国内葡萄酒十强企业CEO、著名葡萄酒城市市长及有关专家学者，就葡萄酒产业发展趋势、葡萄酒文化与旅游、葡萄酒国际市场开拓战略等发表演讲。会议期间组织海内外葡萄酒生产企业和经销商、葡萄酒行业协会、投融资集团等开展投资与贸易洽谈会活动，举办投资项目推介会、投资合作项目签约仪式、烟台与OIV合作20周年圆桌会议等。

第四届国际葡萄酒节举办日期为2010年9月23～30日。这次节会活动设国际标准展位1 200个，其中，果蔬食品博览会展位700个，国际葡萄酒节展位500个；邀请海外客商3 500人。本届博览会的主题是：“绿色、健康、发展”。本届国际葡萄酒节的主题是：“弘扬品牌、传承文化、共谋合作”。

(2) 大连葡萄酒节。2012年中国（大连）国际葡萄酒节期间，有来自中国、法国、意大利、西班牙、葡萄牙、美国、德国、澳大利亚、匈牙利、南非、智利、阿根廷、加拿大、新西兰等国家和地区的知名产区和酒庄品牌前来参展，同时，有近千家来自全国各地的葡萄酒经销商和代理商云集大连，共同寻觅商机。国内参展商则涵盖了以辽宁为中心，覆盖东北、京津唐、胶东半岛、华东、华中及西南地区、珠江三角洲等地的葡萄酒品牌。不仅如此，还有来自美国、法国、意大利、西班牙、澳大利亚等国家的世界知名葡萄酒界大师和专业人士齐聚大连，这是大连有史以来规模最大、应邀而来的葡萄酒大师最多、国际化色彩最浓的一届盛会。

节庆期间将举办包括大型开闭幕式、专业经贸活动以及酒瓶创意绘画、体验酿酒过程、闻香识美女、大师教你品红酒等系列大众参与活动共计20余项。国际先进的葡萄酒酿造技术、经营模式、文化底蕴和中国现阶段葡萄酒的发展模式之间的探讨和碰撞是本届葡萄酒节浓墨重彩的一笔。

此外，葡萄酒节期间，组委会还分别组织“世界葡萄酒在中国市场的发展趋势”高端论坛和“葡萄酒旅游与城市个性的融合”论坛，来自美国、法国等国家的葡萄酒界大师亲临论坛现场，与大家分享葡萄酒的经济发展前景与旅游文化。除了两个论坛外，组委会还把两项权威的重量级比赛搬到了展会现场，即大中华品酒师大赛（东北区域赛）和中国（大连）葡萄酒评赛。

（3）**澳门葡萄酒节。**随着异域的欧洲风琴音乐在澳门威尼斯人酒店的人工湖畔响起，澳门最大的葡萄酒美食节正式拉开序幕，并成为以中西文化融合而著称的澳门的显赫城市招牌。美酒、美食以及各种音乐和艺术活动为美食、美酒和游客们带来了美好的享受。

葡萄酒是其盛世的主题。来自世界各地的葡萄酒商在不同的摊位中展示了他们带来的独特佳肴，让葡萄酒爱好者欣赏到来自全球的美酒。很多在平日不易品尝到的美酒可以让游客开怀畅饮，驻场的专业品酒师随时为游客提供服务，帮助游客们深入了解葡萄酒文化。来自海外的葡萄酒庄代表，本地的葡萄酒专业人士和商家以及葡萄酒品鉴者之间通过美酒而搭起沟通的桥梁。游客可在澳门葡萄酒美食节 2014 品尝来自世界各地的各式美食，与各款佳酿进行配对，为味蕾带来不同层次的体验。现场还设有舞台及街头特色表演以及适合对葡萄酒有不同程度认知的人士参与的葡萄酒入门及专业学习，包括葡萄酒配对、葡萄酒品鉴及酿造技术介绍，让访客按喜好选择参与。此外，现场亦设有意大利、西班牙、南非以及葡萄牙等地出产的葡萄酒鉴赏课程以及印度菜、中国菜等佳肴与不同美酒搭配技巧课程。

对于爱酒人士来说，内容丰富的葡萄酒课堂更是不容错过。为期 3 天的葡萄酒课程从葡萄酒品鉴的入门课程到专业人士的交流课程都一应俱全。以酒会友，互相交流品酒心得更是能够为游客带来美好的历程。

澳门既有中国传统习俗，又深受西方文化的影响，从而带来了本地丰富多彩的饮食文化。因此，在澳门葡萄酒美食节上，游客在欣赏美酒之余，更是可以品尝到本地和世界各国的荟萃美食。

（四）北京葡萄酒节文化典型案例

（1）**张裕爱斐堡酒庄葡萄酒节。**酒庄城堡内设有地下大酒窖、葡萄酒文化博物馆以及专业的品酒室，游客可以了解一个百年企业的成长历程，品鉴顶级葡萄美酒，了解专业实用的葡萄酒文化知识。密云纯净的气候环境，独特的风土为张裕爱斐堡酒庄 50 亩鲜食葡萄园造就了一流的条件，金星无核、绿宝石、矢富罗莎、里扎马特、摩尔多瓦等近 20 个鲜食葡萄品种陆续成熟。品酒之余，

游客可以亲手采摘葡萄，在专业酿酒师指导下，切身感受一瓶葡萄酒如何诞生的奇妙过程。具体活动如下。

第一，鲜食葡萄采摘。爱斐堡酒庄拥有 50 亩鲜食葡萄园，有金星无核、绿宝石、矢富罗莎、京玉、玫瑰香、里扎马特、摩尔多瓦、金手指、莫利莎、巨玫瑰等近 20 个鲜食葡萄品种。密云纯净的气候环境，独特的风土为葡萄的生长造就了一流的条件。爱斐堡葡萄园由专人精心呵护，每一颗葡萄都以最饱满的热情迎接游客到来。

第二，少女踩葡萄大赛，原汁原味的葡萄酒文化体验。脚踩葡萄原来是一种庆祝葡萄丰收的仪式，它起源于欧洲葡萄酒厂的传统葡萄酒酿造方法。张裕爱斐堡葡萄酒节活动期间，每逢周末举办一次少女踩葡萄大赛，进行最传统的葡萄酒酿酒体验。

第三，“我是品酒王”品酒比赛。品酒是进入葡萄酒文化世界的第一步，“我是品酒王”品酒比赛将带游客体验品酒的乐趣，学习实用的品酒知识。

第四，自酿酒体验。游客亲自将葡萄酿造成葡萄酒，感受一瓶葡萄酒诞生的奇妙过程，张裕爱斐堡将给游客这样的体验机会，并且教给游客怎样酿造自己的葡萄酒，为游客提供专业的工具，一瓶属于游客的独一无二的葡萄酒将在游客的手下诞生。

第五，中外美酒品鉴。葡萄酒节期间，爱斐堡酒庄将推出多款中外葡萄酒供您品鉴，了解不同美酒的魅力，更有有趣且知识丰富的葡萄酒文化讲解，葡萄酒养生，葡萄酒美容，爱斐堡的葡萄酒文化之旅让游客成为生活中的葡萄酒的大师。

第六，马车游园。漫步葡萄藤下、留恋古城堡，爱斐堡为游客提供不一样的游园方式，骑白马、驾马车回到 20 世纪，感受优雅纯正的法式浪漫、体验古朴的法式美景。

第七，情定爱斐堡、爱恋葡萄藤。七夕情人节，与爱人共同在葡萄藤下聆听牛郎与织女的爱情蜜语，牵手在葡萄架下挂上一块爱情许愿牌，让葡萄伴随游客们的爱情茁壮成长！

（2）家乐福春季葡萄酒节。来自法国的家乐福一直致力于弘扬红酒文化，每年都会在春季和秋季各举办一届葡萄酒节活动，与葡萄酒爱好者进行交流。开幕式上，家乐福提供了多种优质进口葡萄酒给到场的消费者们免费品尝，并且在现场开设了专业咨询服务，特别邀请专业品酒师现场介绍葡萄酒文化，与消费者交流选酒和品酒的心得。

2007 年开始，家乐福已在北京和上海成功举办 10 届进口葡萄酒节。该活动每年 2 次，分别在 4 月和 10 月举行。据了解，此次家乐福葡萄酒节品类繁多，包括来自法国、澳洲、智利、美国、西班牙、南非等世界各地的红葡萄酒、白葡萄酒、气泡酒、香槟、玫瑰红等各类进口葡萄酒，价格从 39 元到 60 000元不等，以不同品类满足不同爱酒消费者的需求。

除了主角葡萄酒外，家乐福卖场中的食品区还为消费者准备了适合搭配葡萄酒食用的各类水果、奶酪、坚果等零食，全方位刺激消费者的味蕾，带来完美的味觉享受。家乐福葡萄酒节的举办不但为酒类爱好者们带来了更多世界各地的优质葡萄酒，更为中国顾客展现了优雅的欧洲文化和其精致的生活方式。

（3）国际美食与葡萄酒节。北京希尔顿酒店所有餐饮主厨火力全开，美食佳肴配上来自世界各地的葡萄美酒，开始了第九年的时尚餐饮体验。

葡萄酒节安排了大型品酒会、经典葡萄酒课程，并邀请到国际葡萄酒大师亲自演示时尚调酒制作以及葡萄酒鉴赏。伴随的现场表演音乐与表演活动，美酒鉴赏、咖啡与巧克力品尝以及烹调表演让观众眼花缭乱，尽享东西美食体验。

八、促进北京葡萄酒产业发展的政策建议

（一）制定北京葡萄酒产业发展规划和相关产业扶持政策

尽快制定北京市酒庄葡萄酒产业发展规划，以落实葡萄酒产业的种植基地、加工基地和旅游文化休闲设施建设的需要；特别是在“十三五”规划中，加入葡萄酒产业，尤其是酿酒葡萄种植发展的建设内容。要将酒庄葡萄酒产业这个首都唯一性产业作为未来潜在的首都郊区支柱产业来培育。同时，落实相关管理部门，加快相关产业扶持政策的制定和实施，使葡萄酒产业尽快成为北京郊区的支柱产业，促进郊区经济的发展。

（二）规范葡萄酒市场，提高我国葡萄酒国际竞争力

结合北京葡萄酒产业发展实际，理性处理葡萄酒产业发展的速度与效益、质量与数量、规模与结构、供给量与需求量、国内市场与国际市场之间的关系，尽快纠正全国性的葡萄酒投资建设过热现象，制定北京葡萄酒产业发展的对策。

（1）**建立健全法律法规。**不断完善质量监督的法律法规，建立健全葡萄酒质量监督的规范。良好的市场秩序是市场经济正常运行的基本条件，是竞争优势得以发挥的根本保证。随着近年来葡萄酒行业的快速发展，葡萄酒市场竞争异常激烈和无序，严重影响了葡萄酒产业持续、健康、快速发展。从不同方面对葡萄酒生产企业进行了规范，但仍然缺乏对葡萄酒质量等级划分的规范，不利于肃清混乱的葡萄酒市场，提供让消费者放心的高质量产品，法律法规亟待健全。葡萄酒要拓展市场，必须遵守行业共同的游戏规则。不断完善质量监督的法律法规，建立健全质量监督的组织体系，加大监督管理的力度，密切行业协作和自律，加强技术创新，杜绝假冒伪劣产品，打击商业贿赂等扰乱市场秩序的行为，用有效的监督管理方法来惩治葡萄酒质量违法行为，支持和帮助建立行业公平竞争的市场平台，是葡萄酒质量提升的重要手段。

（2）**以原产地保护为手段，提高产品质量竞争力。**质量是葡萄酒产业生存发展之根本。葡萄酒是典型的原产地产品。法国的葡萄酒之所以世界闻名，以

至于一提到优质葡萄酒，就联想到法国波尔多葡萄酒好，主要是法国在世界上最早创建并实施葡萄酒原产地保护的结果。原产地保护不仅强调葡萄酒从土地到餐桌的全过程精细管理，而且还是打造精品高档葡萄酒的有效途径。通过原产地保护，首先可从产区规划、葡萄原料、生产工艺、卫生要求及标志、标签、包装、贮藏、运输等各方面对葡萄酒生产制定严格的规范和要求，有效实施，有利于提高葡萄酒质量。借鉴法国 AOC 法制定我国葡萄酒质量等级制度，通过葡萄酒等级的公信力和影响力打造优质产区、优质葡萄酒，培育一批具有国际影响力的优质等级酒，扩大优质葡萄酒的国际知名度，增强我国优质葡萄酒的国际竞争力。再次，可充分发挥原产地保护在特定地域内的共用性及地域外的排他性，整合地域名称资源，突出各产区葡萄酒的典型性和风格，促进产区营销，提升具有产区品牌的低成本和差异化战略，树立一个良好的原产地域产品形象，全面提高北京各区域葡萄酒质量声誉。

（3）**重视葡萄酒文化和消费导向，提高我国葡萄酒市场竞争力。**首先，实行差异化战略，提高国外葡萄酒进入壁垒。国际葡萄酒产量过剩，一方面，对我国葡萄酒产业发展带来许多负面影响；另一方面，也可以成为推动行业结构调整的难得机遇。北京各区域葡萄酒企业应增加危机感和紧迫感，利用一切机会，一方面，积极固守国内市场；另一方面，应竭尽全力抢占国际市场。适应不同阶段开拓市场的需求，提高差异化程度，既有利于参与竞争、培育市场、塑造特色地域品牌，避免目前同质化过度竞争进一步加剧，又有利于提高国外葡萄酒进入市场的门槛。

其次，重视葡萄酒文化和消费导向。应通过媒体宣传葡萄酒的营养、保健功能，把葡萄酒产品的各种营养保健功能与效应传递给消费者，向消费者传播营养健康理念。同时，还要宣传葡萄酒象征品位、身份、地位、情趣、时尚、艺术等感性效应，使感性因子与某一群体的追求谋合，以引起消费者的遐想和共鸣，培养人们品酒、喝酒、收藏酒的兴趣，增强对葡萄酒的认同感和消费观，拓宽葡萄酒市场，扩大消费需求。

最后，以根瘤蚜预防研究为基础，加强葡萄酒质量，推动我国葡萄酒多样化发展。加速提高技术水平和商品质量，改善经营管理，提高生产效率，努力进行技术革新、结构调整和品牌的打造，增强自身的竞争优势才是根本保证。

葡萄酒酿造需要有专门品种和稳定的规模化、专业化的原料基地，才能保证葡萄酒酿酒的质量。但我国在新一轮葡萄酒产业发展中大量繁殖实生葡萄苗木，对葡萄根瘤蚜重视不足，这给我国葡萄原料基地建设带来了极大的隐患。为此，必须开展葡萄根瘤蚜调查工作，建立葡萄根瘤蚜预案，有计划地更新苗木，防范毁灭性危机的发生。首先，应对老园进行预防性管理，如提高主干高度，采用棚、篱结合的架型，改善近地面小气候，形成不利于根瘤蚜发生的气

候条件。其次，加强优良品种改良与选育，有计划地做好老园改造。

质量是消费者关注的首要问题，葡萄酒营销与消费市场都日趋理性，虽然市场上进口葡萄酒不断增加，但国产葡萄酒仍是国内的主流品牌，国产葡萄酒可通过不断提高产品品质并且加强产品的可追溯体系，让消费者购买到质量放心的葡萄酒，只有这样国产葡萄酒才能真正抓住本土优势，拓展市场。

（三）做好整体规划，优化产业布局

深入调研北京葡萄酒庄发展现状及市场前景，尽快出台北京葡萄酒庄发展相关规划，优化产业布局，避免因为产业布局不合理而造成的资源浪费与过度利用。要适当控制规模，考虑长期效益，追求高品质，并引领高端发展模式，同时借鉴澳大利亚、加拿大等新兴葡萄酒国家发展现代酒庄产业的成功规划经验，结合北京的实际情况，充分发挥其在都市型现代农业中的示范作用。

（四）加快郊区酿酒葡萄种植业的发展

葡萄酒更重要的是“种”出来的，没有优良的葡萄原料，就不可能酿造出优质的葡萄酒。但是，目前，北京酿酒葡萄基地的发展是滞后的。因此，加大对葡萄酒原料基地的投资力度，有利于葡萄酒产业的快速发展，有利于郊区山区产业结构的调整和农民的增收。

配合北京都市型现代农业的发展，重点做好延庆、房山、平谷和密云等地高标准示范园的建设，引导农民和企业投资酿酒葡萄生产基地。同时，提高葡萄酒产业进入的门槛，加快葡萄酒绿色食品、有机食品的发展步伐，从起步就提高葡萄酒酿造业、种植业的水平。

（五）加大葡萄酒产业科研和教学的投入力度

高水平的葡萄酒相关人才对于产业内部结构的调整和优化，以及产业升级都起到决定性作用。在这方面，企业要建立完善的培训机制，并与高校和科研院所形成产学研相结合的培养模式，不断输送高水平人才，不断提高行业从业人员的整体素质。还要不断引进和学习国外成熟的葡萄酒酿造技术和葡萄酒庄管理经验。

（六）形成区域品牌优势，建立葡萄酒自主品牌

法国波尔多地区是法国葡萄酒重要产区，该地区酒庄云集，葡萄酒酿造历

史悠久，又在几大名庄的影响力下，使得该地区形成了口碑颇高的区域品牌优势，在人们心中形成了来自法国波尔多的葡萄酒就是高品质葡萄酒的深刻印象。北京发展葡萄酒庄要在国内及国际几大产区中脱颖而出，在保证品质的基础上，整个产业发展就要形成高低搭配、注重特色、高端引领的发展模式，形成区域品牌优势。

进口葡萄酒的品牌价值优势非常明显，但其同时也不易于被我国的消费者接受，北京葡萄酒企业应当适当结合我国的文化特征，积极培育差异化的酿酒葡萄品种，并在酿酒设备与技术上不断革新，最终形成拥有完全自主知识产权的中国式葡萄酒品牌，这样才能充分利用我国巨大的葡萄酒消费市场，有效抵御国外葡萄酒品牌的冲击，提升国际竞争力。

（七）加大对葡萄酒会展业和葡萄酒文化的推广力度

通过举行葡萄酒品评培训、葡萄酒品鉴会或葡萄酒主题旅游等，让普通消费者更多地认识、了解葡萄酒，并且可以将北京品类繁多的菜式与葡萄酒进行搭配，充分融入北京的文化元素，形成独具特色的北京葡萄酒文化，进而对葡萄酒的消费产生积极影响。为了加快葡萄酒产业的发展，要加强都市葡萄酒会展业的发展，宣传、提高对葡萄酒文化的认识和健康、理性消费，营造一个健康的葡萄酒消费环境。

（八）大力发展北京郊区酒庄葡萄酒产业集群

尽快确定对延庆和房山等区域酒庄葡萄酒产业集群发展规划和相关产业扶持政策，促进区域都市农业支柱产业的发展；加快郊区酿酒葡萄种植业和示范酒庄建设的发展；加大对葡萄酒产业科研和教学的投入力度；加大对葡萄酒会展业和葡萄酒文化的推广力度，在2014年世界葡萄大会设立葡萄酒世界博览会，并规划建设一个大型的葡萄酒专业市场，引领北京和全国葡萄酒市场的规范和健康发展。

（九）加强葡萄酒的体验营销

葡萄酒消费是一种包含品酒及礼仪等内容丰富的消费，传统的营销模式已经不再适合葡萄酒的营销，而体验营销通过让消费者亲身体验产品和服务，从而使得顾客对产品有更好的认知，促进产品的消费。葡萄酒的体验营销可以加强葡萄酒企业的品牌识别，正确引导和扩大消费者对于葡萄酒文化的理解和鉴赏，进而形成葡萄酒的忠诚客户。

附 录

附录 1 全球葡萄酒主要产区

1. 布莱依第一山谷 葡萄园地处纪龙德河右岸，在布莱依最初的山谷坡地上。采用绝对传统的酿造工艺，庄主科琳（Corine）和沙维尔（Xavier Loriaud）出生在干邑（Cognac）葡萄园。但他们却是在布莱（Cotes 的 Blaye）实现了自己的人生梦想。“酿酒是一种生活的选择，这个选择让我有机会零距离的接触大自然，了解发生在葡萄园里的一切，最后酿造出美酒，而这又让我有机会近距离的聆听消费者的声音。” Mr. Loriaud 的这一席话恰恰诠释了该酒内含的人生哲学。

2. 白墅堡 这片总占地面积为 10 公顷的葡萄园分散在距离圣爱美隆 800 米的圣洛朗—德孔布镇。1932 年，保罗—努维尔和莫里斯—努维尔（Paulet Maurice Nouvel）开发了白墅堡酒庄，并代代相传。现在的经营者克劳德—努维尔（Claude Nouvel）仍以圣爱美隆最传统的方式经营酒庄，他为人理性，爱护土地，葡萄园从不用农药。该酒庄也是以克劳德—努维尔外祖父的姓氏命名。

波尔多已经成为风靡世界的葡萄酒产区，这里的酒口感柔顺细致，风情万种，有“法国葡萄酒皇后”的美称。波尔多产区位于法国西南部，加龙河的冲积平原，黏性的钙质土壤，大西洋吹来的温和海风，以及充足的光照，使波尔多成为得天独厚的平台生长乐土。

位于右岸的圣爱美隆葡萄产区地处伊勒与多尔多涅两条河流的交汇处，美丽的沙滩和山丘风景，一直延伸到葡萄园的尽头。圣爱美隆以黏土和石灰石土质为主。这片产区地处海洋性温和气候区，位于两河交汇处的地理位置使它更容易受到微型气候的影响（夏季炎热，秋季漫长而温湿，冬季温和干燥），有利于葡萄的缓慢成熟。使这些具有钙性、黏性、砾性、沙性等特质的土壤，赋予了所生产出来的葡萄酒丰厚与复杂的特点。正是在这些得天独厚的土地上，美乐葡萄品种找到了其偏爱的生长之地。

自 1999 年 12 月起，圣爱美隆葡萄种植区被联合国教科文组织作为“文化景观”列入了世界遗产目录。这是世界上第一个被列为世界遗产的葡萄种植园。联合国教科文组织同时认定了该地区的特殊的全球性价值。

这一景区见证了当地的文化传统、鲜活的文明以及人类与自然和谐共建的葡萄牙。所有的因素都证明了其被列入世界遗产名录的资格：这里保留了大量的历史遗迹（中世纪风格的城市，临近城镇的罗马教堂、岩洞、磨坊和鸽棚）。圣爱美隆葡萄牙经过了几代人几个世纪的保护及发展，才塑造了这里鲜活且不断演变的魅力风景。联合国教科文组织也认可了当地葡萄种植者的辛勤耕耘，正是通过他们几代人的努力，圣爱美隆才会拥有如此美丽的山丘和斜坡。

3. 圣—让德倍佳堡 穆罗家族（MOUREAU）拥有圣—让德倍佳堡已有八代之久，在近三十年里，城堡又经历了两次具有建设性影响的事件。1980年，理查德—穆罗先生（Richard Moureau）从父母手中接管了城堡后在邻近倍佳园区的地方建了一些酒库（倍佳园区曾是一个礼拜堂的所在地，现在城堡的名称就是因此而来）。第二年，圣—让德倍佳堡当年酿造的酒就获得了由酿酒工艺家爱米尔—佩诺（Emile Peynaud）颁发的圣爱美隆奖章。

2006年，理查德—穆罗先生的儿子弗朗克（Frank）放弃记者生涯接管葡萄园，2009年他的妹妹洛朗斯（Laurence）加入，他们决定为酒庄开辟一个新天地。庄园的面积扩大了2公顷，现有的葡萄园经过植株替换、拔除和重新种植后，植株密度达到了7 600株/公顷。

现有葡萄园实现了绿色操作（手工摘叶、疏枝）和设备投资，商业化政策与出口政策并行，带领酒庄前行。圣—让德倍佳堡人员精炼，弗朗克—穆罗先生完全负责每年10万多瓶葡萄酒、每公顷45 000升的产量的生产、种植和酿造。有两名在酒庄工作了17年的全职农业工人协助他，在需要手工摘叶、疏枝和采摘的季节会雇佣一些季节性工人。洛朗斯—穆罗女士负责酒庄的发展工作，她对酒庄的品牌进行宣传、推销，管理不同年份葡萄酒在法国本土的销售及出口。

酒堡曾登上法国著名杂志 *Le Point*（《焦点》）、法国著名品酒师，酒业舆论家所撰写的专业期刊 *Guide Dussert-Gerber*，并在多项比赛中获奖。

圣洛朗—德孔布镇是1999年被列为联合国教科文组织世界文化遗产的圣爱美隆地区的8个镇之一。占地面积18公顷的庄园是圣爱美隆地区法定产区列级酒庄。

该产区有非常严格的质量要求，尤其是植株密度（5 500株/公顷）和产量（最多不超过4 900升/公顷）。作为波尔多地区产量要求最严格的酒庄之一，圣—让德倍佳堡必须限定葡萄园的负担，以保证收获的果实的色泽、芳香和丹宁含量的浓度。

4. 法国罗纳河谷 漫山遍野的紫色薰衣草、排列整齐的葡萄园，远伴着潺潺溪水声，一切仿佛进入爱丽丝梦游的仙境中，真实与梦境似乎难以分清，这就是法国南部罗纳河—阿尔卑斯地区的浪漫世界。在法国南部这片神奇沃土上，沿着罗纳河沿岸的陡峭山坡，就可以看到法国各色的葡萄酒产区。

罗纳河谷对于法国葡萄酒有两个很有历史意义的贡献：第一，在这里诞生了法国第一片葡萄园，第一瓶葡萄酒；第二，在这里诞生了法国的原产地名号监控制度，也就是大家熟知的 AOC 制度。坐落在葡萄园中央的圣—马丁教堂是一个有着 300 多年历史的家族酒庄，自 1692 年 Andre Alary 先生经营葡萄园以来，这里已经经历了 10 代人，而在 1693 年的时候，在美国著名葡萄园纳帕谷却只有几个印第安瓦波人。现任庄主 Francois Alary 和 Frederic Alary 于 1984 年开始接手管理酒庄，并在圣—马丁山丘上开辟了 25 公顷的葡萄园。

5. 波尔多五大顶级名庄

(1) 拉菲酒庄。在世界成千上万个酒庄当中，能够在名气、品质、纪录保持方面同时打败其他酒庄的恐怕只有法国波尔多波亚克村的拉菲庄园了。

拉菲庄园位于波亚克村北部，历史上最早对其记载可追溯到 1234 年，虽然拉菲凭借其出色的品质已经在 14 世纪相当有名气，但真正形成规模、享誉全欧洲还要到 17 世纪。在 1675 年，拉菲被当时葡萄酒界的风云人物西格公爵（J. D. Segur）购得，而当时西格家族已经同时拥有拉图（Chateau Latour）和木桐酒庄（Chateau Mouton）。在 17 世纪，法国上至皇宫贵族，下至平民百姓基本都饮用勃艮第的葡萄酒，但法王路易十五的情妇庞巴迪却对拉菲情有独钟，自此拉菲成为巴黎凡尔赛宫贵族们的杯中佳物。18 世纪初，拉菲进入英国市场之后，就成为英国众多识酒人士的收藏之物，其中最为经典是在 1732—1733 年，英国第一任首相罗伯特·沃尔波（Robert Walpole）平均每三个月就要购买一桶拉菲。

第一，酒庄特色。低调是拉菲堡的最大特色，就像一座与世隔绝的村庄，到处弥漫着神秘的气氛。虽然接待着来自世界各地的访客，但其始终保持着原有的设施和装潢，仿佛一个保存完美的古董一样。拉菲堡出品的葡萄酒也秉承了其酒庄的气质，华丽的低调——高雅严肃，就像个极致大方的贵族。

第二，酿酒工艺。现在拉菲酒庄仍然采用木制的酒槽酿酒，通常是一星期的发酵加上两星期的泡皮，酿造方法相当简单，是传统的波尔多酿法。

酿造完成的葡萄酒放入全新的橡木桶，在里卡多—博菲尔设计的圆形地下酒窖内进行一年半到两年的培养。

特别精选葡萄酒是拉菲酒庄进入 20 世纪 90 年代后用来提高品质的主要方法。无论年份好坏，每年仅有 1/3 的酒得以选为拉菲正牌，其余酿成二军酒“卡律阿德斯”。

拉菲从1874年就开始生产二军酒，是波尔多最早推出二军酒的酒庄之一。

第三，名品推介。正牌：拉菲酒庄 CHATEAU LAFITE ROTHSCHILD 1983 WINE；副牌：卡律阿德斯 Carruades de Lafite。

(2) 拉图酒庄。拉图庄园（Chateau Latour）位于波尔多吉隆特河河口（Gironde），是1855年庄园评级中列为一级（Grand Cru Classe）酒庄之一。该酒庄由英国人在15世纪建成，当初是为了防止海盗侵略而建，到了16世纪就已开拓为葡萄园。拉图的葡萄酒生产工艺是极其苛刻的，一般情况下拉图庄园里面的葡萄只有六成可以用来酿造一级酒，即正牌酒，如遇年份不佳则只能有1/4甚至更低可以酿造正牌，其余则降级为副牌酒出售（Les Forts de Latour）。

第一，酒庄特色。这里的让梅洛与赤霞珠在难以生长的情况下，长出含有特别多单宁的葡萄，生产全波尔多最雄壮的红酒。所以拉图的酒一贯酒体强劲，即使换了无数任的庄主，酒品依旧不变。

第二，酿酒工艺。拉图酒庄采用波尔多传统的 Guyot Double 剪枝法，每侧主枝留3个芽以控制产量。到了6月份，还要进行疏果。在葡萄收获的时候，人工将新老植株分开采摘，按照质量不同而分别存放和处理，质量差的葡萄干脆淘汰。

随后要经过5周的发酵，18个月的陈酿，2个月进行装瓶，几个月进行分销，2年半的时间过去了，消费者才能买到拉图酒庄的美酒。

第三，名品推介。正牌酒"Grand Vin de Chatour Latour"，一贯酒体强劲，厚实，并有丰满的黑加仑子香味和细腻的黑樱桃等的香味。1949年、1959年、1961年、1962年、1966年、1970年、1975年、1978年、1982年、1990年、1994年、1995年均是好年份；二级酒"Les Forts de Latour"，1966年开始酿造，使用的葡萄有70%的解百纳索维浓葡萄和30%的墨尔乐葡萄，虽是二级酒，但是"堡垒"的质量依然可以与顶级四等酒庄媲美；三级酒"Pauillac"，从1973年第一次生产，后在1974和1987年份又生产过，直到1990年才开始年年生产。波伊雅克酒，主要是使用非大中心圈地葡萄园出产的葡萄酿造。

(3) 玛歌酒庄。玛歌酒庄是法国葡萄酒五大名庄之一，由 Pierre de Lestonnac 于1590年建园。

现任玛歌酒庄的女主人是科丽娜—门采尔普洛斯。1977年，她的父亲买了这个庄园，自此玛歌酒庄进入了它历史中最辉煌的时期。

玛歌庄园在1855年波尔多葡萄酒评级时列为列级酒庄的第一位，同期的还有拉菲、红颜容、拉图等名庄。玛歌庄园在1590之后就不断获得众多酒评家的嘉奖，早在1787年，对葡萄酒痴迷有加的美国前总统托马斯·杰弗逊就将玛歌酒庄评为波尔多名庄之首。

第一，酒庄特色。身为列级酒庄，玛歌几乎成了全村的焦点，特别是城堡的建筑本身，正好贴切地表现了梅多克红酒的精神：19世纪初新古典主义风格的建筑，四根高耸的爱欧尼亚式列柱、简洁厚重的柱顶盘与三角楣、24阶的石梯与左右对称的两座人面狮身像，非常合比例地搭建起城堡的正面。

第二，酿酒工艺。酒庄原有个19世纪建造的老酒窖，在1982年又建设了新酒窖，酒窖里温度常年保持在13～15℃，安放着26 000个橡木桶。

酒庄还自己生产橡木桶，每年采用30%自己生产的桶，而正牌酒全部采用新桶。玛歌酒庄是恪守传统的酒庄，发酵全部采用木桶发酵罐发酵，大部分采用人工操作，连发酵温控都是人工控制，仍然采用蛋清在桶里沉淀的传统工艺。

玛歌酒庄葡萄酒是波尔多的代表，细致、温柔、幽雅，单宁中庸。

第三，名品推介。正牌酒Chateau Margaux，玛歌红酒颜色优美，气味香甜，酒体结构紧密细致，入口温柔典雅，而且平宜近人。感觉有力度但不上头，喝起来舒服而不易醉；副牌酒玛歌红亭Pavillon Rouge du Chateau Margaux；一般酒玛歌白亭Pavillon Blanc du Chateau Margaux。

（4）**奥比安酒庄。**奥比安酒庄位于吉伦特河左岸的PessacLeognan地区，是波尔多最古老的酒庄，始建于1525年，由法国贵族蓬塔家族所有。奥比安是第一个使用自己酒庄名称而非以散酒形式出售的酒庄，是波尔多第一家拥有自己“品牌”的葡萄酒庄。

第一，酒庄特点。奥比安经常是全波尔多最早成熟的葡萄园，经常在法定采收日之前就破例开采。除了早熟，也因为梅洛葡萄的含量特别高，让奥比安的红酒比梅多克的一级酒庄来的圆润可口。

第二，酿酒工艺。酿酒窖是葡萄酒酿造艺术的核心地点，过去的酿酒槽均以木头制成，奥比安酒庄在1961年是第一个采用不锈钢酿酒槽的酒厂。

第三，名品推介。正牌酒奥比安；副牌酒巴昂斯；白酒白奥比安。

（5）**木桐酒庄。**木桐酒庄位于法国梅多克地区的Pauillac。

1855年被评为波尔多第二等酒庄，在老庄主菲利普—德—罗斯乔德男爵坚持不懈的发展经营下，成为唯一一家从二等酒庄升级为一等的酒庄。

木桐酒庄最为人知的创举是酒标与艺术作品的结合，每年的标签都由一个当时有名的艺术家设计。

1946年，这些由世界上伟大画家和雕塑家们设计的酒标，变成了木桐酒庄永久和有特色性的标志。

在五家一级酒庄中，只有木桐酒庄整年对游人开放，让访客了解从种植葡萄到葡萄酒入瓶的每个细节，并品尝一系列的红、白和烈酒。亲身步入特色建筑，仿佛进入宫殿拜访名门贵族，若对木桐酒很熟悉，感觉则像在探望一位故交老友。

6. 高柏丽堡 高柏丽堡（Chateau Haut-Bailly）位于贝萨克—雷奥良产区的雷奥良村内，波尔多城南边。葡萄园占地面积 28 公顷。

16 世纪以来，来自 Pays Basque 巴斯克地区的一户富有家庭创建了高柏丽堡（Chateau Haut－Bailly）。1630 年，巴黎银行家 Firmin Le Bailly 买下酒庄，并以自己的名字为酒庄命名。1872 年，高柏丽堡因为被当时著名的葡萄种植专家 Alcide Bellot des Ministeres 收购而扬名。1878 年，高柏丽堡的葡萄酒质量达到顶峰。但是，随着病虫害的侵袭，酒庄也因此沉寂。

两个世纪后，高柏丽堡被出售给 Franz Malvesin 先生，拥有酒庄这段时间，Franz Malvesin 先生实验了很多有争议的技术，比如早装瓶等。1923 年，Fanz Malvesin 先生去世，尝试也因此停止。1955 年，比利时酒商 Daniel Sanders 成为酒庄的新主人，高柏丽堡的声誉逐渐被挽回。酒庄现在的主人是美国银行家 Robert Wilmers，其 1998 年购入酒庄，但是，比利时人 Daniel-Sanders 先生的孙女 Veronique Sanders 仍然是酒庄的经理。该酒庄位于五大名庄之一——红颜庄的旁边，其酒的口感和质地也与红颜庄不相上下，甚至有些年份还超越了红颜庄。

7. 德永古塔堡 占地 4.5 公顷的德永古塔堡由圣爱美隆生产商联盟（Union de Producteurs de Saint-Emilion）经营。从种植葡萄、酿造到发酵过程都保留着精细的工艺。酒堡位于享有盛名的圣爱美隆高原西部的山坡上，那里是众多列级酒庄的摇篮。

2011 年 3 月 4 日，法国纪龙德省历史最悠久的联盟酒窖迎来了 80 周岁生日。它诞生于 19 世纪 30 年代的大萧条岁月中，圣爱美隆生产商联盟作为行业的先驱，引领了纪龙德省其他 52 个联盟酒庄在 1933—1939 年间先后成立。经历了连年的葡萄病害、霜冻、落花、生意萧条的艰难岁月后，农学工程师威尔匹克（Villepique）首先提出了联营合作，旨在联合小产量葡萄农，拯救可能被毁灭的葡萄园。1933 年的第一个收获年，酒窖产出了 18.2 升酒，并制作了首席酒庄特质酒桶和皇家圣爱美隆酒桶，并留存至今。

葡萄种植者和葡萄共享了许多亲密的时光。他认识每一道沟渠，不时根据叶子颜色判断葡萄是否健康，用手指感受土壤中的泥块。葡萄的质量决定了葡萄酒的质量。这些来自私人土地的葡萄，自然有着巨大的潜力。圣爱美隆生产商联盟所获得的各种奖项正是对这种分散种植葡萄政策的正式认可，这样，每个酒堡都可以完全地保留其个性和特色。

提起法国波尔多的酒，人们总是津津乐道地提起1855年由国王所主持评选的五大名庄，其实那次评选只是以吉伦特河左岸的梅多克地区为基础评选的，并没有包括今天人们所指的整个波尔多地区。而位于右岸的圣爱美隆地区的葡萄酒无论从美味还是从文化内涵来说都比左岸更胜一筹。

这个地区从古罗马时期就开始酿造葡萄酒。诗人欧松的回忆录中就曾提到，这里是波尔多葡萄园区的高卢罗马文明的伟大摇篮之一（公元前56年）。自8世纪起，该地区便开始普行宗教生活，从而形成了圣爱美隆城，并建造了许多种植葡萄的修道院和济贫院。11世纪、12世纪，阿基坦的继承人埃莉诺和英格兰国王亨利二世的联姻，使得葡萄园在英国人的控制下取得飞速发展。1269年，利布尔讷港的建立，充分打开了葡萄酒的远征之路。百年战争和平之后的宗教战争期间，这里的葡萄园经历了一个不稳定的阶段。16世纪，该地区进入和平年代，利布尔讷城成为一个最重要的葡萄酒贸易和出口中心，使整个地区拥有了特殊的品牌和真正的独立性。18世纪初，荷兰和英国对上等葡萄酒的需求激增，使得葡萄种植面积大幅度增加（在圣爱美隆，种植面积翻了一番）。因此，到18世纪末，诞生了我们今天所理解的第一代名副其实的酒堡或酒庄。19世纪末，面对席卷了整个法国葡萄园的根瘤蚜虫害危机，该地区做出了反应，并于1884年在圣爱美隆城成立了法国第一个葡萄产业联合会。20世纪，产区集中力量，采用嫁接技术，使葡萄园得以生存与发展。虽然经历了两次世界大战和几次经济危机，葡萄园进行了自我调整和自我发展，并赢得了世界美誉。

8. 王朝御苑酒堡　坐落于中国天津的王朝御苑酒堡建筑面积达到10 509米^2，是亚洲单体最大的酒堡，涵盖了培训中心、会议中心、餐饮娱乐中心、葡萄酒文化博物馆、尊享客房服务等完善的功能。其建筑风格借鉴法国波尔多地区19世纪古堡元素，结合王朝文化精髓，在欧式建筑典雅华贵的主旋律中，体现王朝的中法合璧，成为展示葡萄酒文化和扩大王朝国际影响的地标性建筑，更为飞速发展的天津增加了一张亮丽的名片。

王朝御苑酒堡由地下一层博物馆，地上一层、二层、局部三层组成，金字塔形的入口，古堡形的主体，内设共享大厅、人头马厅、蒙田厅、实验室、客房等多个功能厅、展厅和葡萄酒文化展览馆。酒堡后面设有庭院式花园和大规模的名种葡萄种植示范园，可供游人观赏和采摘。

在这里，高耸的塔尖、复古的穹顶，厚厚的石墙，欧式的廊柱，游客宛若置身在中世纪的欧洲古堡中。

在这里，闪动的堡徽，镌刻的“龙马精神”，述说着龙的传人对葡萄酒文化的理解和传承，述说着王朝联姻人头马三十年的辉煌历程。

在这里，葡萄藤间的小道，晶莹的宝石红液体，悠扬的乐曲，任思绪随着优雅的醇香而飘远。

在这里，融汇世界上最具代表性的干邑制造商、最大的木桶生产商、覆盖最广的品牌运营商、最具思想的法国酒堡世家的智慧与风格缔结而成的人头马厅、圣歌安厅、吉赛孚厅、蒙田厅精彩呈现，让游客可以跨越历史与地域的牵绊，不用跋山涉水穿越时光，就可体会到古老欧洲的厚实、精致与奢华。

9. 贝鲁堡 葡萄园占地 4.5 公顷的贝鲁堡地处波尔多卡斯蒂永（Cotes de Castillon）产区，葡萄树平均年龄达 80 年，庄主卡特丽娜—帕蓬女士（Catehrine Papon-Nouvel）是一位葡萄酒工艺培训师，经常活跃在各种与葡萄酒相关的活动上。

十几年来，她一直经营着 Nouvel 家族的三大圣艾米隆（Saint-Emilion）品牌酒，包括其父辈留下的葡萄园，以及她于 1989 年获得的一块与圣艾米隆 Saint-Emilion 接壤的小葡萄园，即卡斯蒂永（Cotes de Castillon）葡萄园。

特丽娜—帕蓬女士是一位富有创新精神的酿造师。她会根据天气的不同而调整自己的酿造工艺，使酒的口感和香味达到最佳水平。她勇于用最环保生态的手工艺代替一切无机食品。并于 2004 在全区品酒挑战大会中获银质奖章。

10. 卡茨诺夫堡 卡茨诺夫的葡萄园占地 12 公顷，平均每公顷种植 500 株葡萄，平均年龄约 13 年。这里的葡萄酒质量上乘，价格公道，10 年来获奖众多，得到了专家的认可和市场的青睐。

19 世纪末，玛格琳娜（la Maqueline）成为纳撒尼尔—约翰逊（Nathaniel Johnston）的葡萄园领地的一部分，其中包括好几个有名的葡萄产区，包括杜萨庄园（Chateau Dauzac）——玛歌村的第五大酒庄，他与卡茨诺夫堡的葡萄园相邻。这个地区在葡萄酒行业具有领航作用，因为这里是波尔多第一个产带泡沫白葡萄酒的地方，也是在这里人们发现可以用波尔多液防治霜霉病。1989 年，德·卡茨诺夫·万·埃森夫人（de Cazenove van Essen）和她的孩子们决定重建这片在 1956 年被冻坏的古老的葡萄园。卡茨诺夫堡就这样诞生了，它离玛歌村只有 5 公里。这里优质的硅质黏土冲积层被用于种植相适宜的葡萄品种：黑梅洛、赤霞珠和品丽珠。对传统的深刻理解、对工作的细致负责和对质量的严格控制使卡茨诺夫堡的葡萄在成熟度和植物检疫方面都达到了完美的程度。因此，卡茨诺夫堡的酒完全是土地的产物，拥有极高的性价比。

茨诺夫酒在美国一直很受欢迎，美国人曾是卡茨诺夫酒最大的爱好者之一，因为这是用于庆祝纽约州卡茨诺夫村建立 100 周年的首选葡萄酒。美国人的这种热情是有历史原因的。18 世纪末，一位在美国的荷兰人——胡格诺派牧师泰奥菲勒·德·卡茨诺夫·万·耶弗尔（Theophile de Cazenove-van Jever）在纽约北部建立了卡茨诺夫殖民地，并在1794年成为美国公民。他也是梅多克地区马科村的卡茨诺夫城堡拥有者的远祖。圣梅宁给他画的肖像至今还陈列在华盛顿的可可然艺廊中。

卡茨诺夫堡位于著名葡萄酒产区梅多克地区。史诗般的历史，贵族化的背景，无与伦比的酒质，这些都是多数人对梅多克地区的评价。这里是波尔多地区最主要的产区之一，处于波尔多地区的西北部，也是我们常称的“波尔多左岸”，地势平坦，表土多为沙砾鹅卵石质，下层土为赤褐色含铁土质。这里云集了世界上最大的顶尖酒庄，从列级庄、中级庄，到未被评级的大大小小酒庄，足以征服全世界半数以上的葡萄酒爱好者。梅多克产区下面有8个细分产区，虽然同在一片大陆，但因为经营理念的不同和微气候的差异，每个小产区之间有着微妙的差别。例如波亚克产区以酿造单宁醇厚，丰富多变的酒体见长；玛歌产区的葡萄酒则有着柔美的酒体，优雅的芳香和细腻的单宁；上美度有着清新扑鼻的香味，和谐均衡的酒体。

11. 飞来百解堡 飞来百解堡位于寂静的卢瓦尔河谷，距离布尔格伊市5公里。这里温和的气候、均衡的四季和肥沃的土地给了葡萄园繁荣和谐的景象。城堡的主体部分建于17世纪，而城堡中最引人注目的建筑则建于15世纪。城堡处于一整块面积达13公顷的土地上，其中10公顷用于种植葡萄。葡萄园位于高原和山丘上，享有充沛的阳光，这里的土壤由一部分沙砾和一部分泥灰质的石灰华组成，处在地下石灰岩层的上面。这种地质出产的酒富含单宁，味道浓郁，同时口感柔和且带有果香味。葡萄园的管理和葡萄酒的酿造按照酒堡的传统方法实行。由一位葡萄酒工艺学家定期跟踪酒的生产过程，使得葡萄酒的质量得到了传统和现代科技的双重保证。

品丽珠（Cabernet Franc）、赤霞珠与蛇龙珠一起被称为“三珠”。品丽珠即用100%品丽珠酿造而成。该品种从拉伯雷时期起就在当地被叫做“布列顿”或“贝尔顿”。有些种植于20世纪初的植株是布尔格伊市最古老的植株。同大多数葡萄品种一样，品丽珠也被认为是法国的一个土生葡萄品种，来自法国的西南部地区，法国的卢瓦尔河谷流域和波尔多都有种植。

品丽珠本身有着明显的草本青椒的味道，不同的产区和年份还可以表现出不同的味道如，烟草、黑醋栗、铅笔芯、紫罗兰的味道。由品丽珠酿造的葡萄酒呈亮浅红色，颜色没有赤霞珠深，口感也没有赤霞珠重，但却有鲜嫩的口感和清新的香气，因此用以调配类似赤霞珠这些重口味的葡萄品种。单一葡萄品种酿造的品丽珠葡萄酒单宁含量也较少，因此口感较为柔和。相对于赤霞珠这个亲戚，品丽珠的开花和成熟时间也较早，且偏向喜好凉爽地区的气候，所以可在葡萄中形成更多酚类物质的机会也要少些，这也是她不会有赤霞珠那么重口感的原因之一，但是一些新世界酿酒师会故意延长采收葡萄期，主要是为了让葡萄可以有更多时间形成其迷人的果香。

法国是品丽珠的祖籍地，也是酿造出最优秀品丽珠葡萄酒的地区，波尔多用她来调配赤霞珠等为主要原料的葡萄酒，调配品丽珠可以增加果香和口感的复杂性，而在法国卢瓦尔河谷地区则出产用品丽珠单一品种酿造的葡萄酒。

12. 圣—爱美隆翁特级酒庄 帕特里克·儒内（Patrick Junet）曾竞选市长，此葡萄园是其祖父于19世纪收购酒庄而来。酒庄一直秉承着每公顷只产4 000～45 000升的产量标准，每年都被评为特级酒。

13. 法国博若莱产区 博若莱产区位于法国隆省北部和罗亚尔省东北部。地处中央高原东边，索恩河以西。境内多林木，为当地林业之本；最高点圣里戈峰，海拔1 009米。山峰的东面是博若莱高地的石灰岩断崖，博若莱高地以世界闻名的红葡萄酒酿造业为经济支柱。

法国里昂的北部，是全世界最著名的新酒产区，一直是全球新酒爱好者的天堂，梦寐以求、心驰神往的地方。

博若莱在勃艮第的马孔区的南部，沿着马孔地区边界一直向南延伸到距里昂（Lyons）城几英里的地方。从行政方向说，博若莱是勃艮第的一个区域，但就其风格来说其红葡萄酒与勃艮第的其他葡萄酒不同（这些葡萄酒是由生长在不同土壤里和更温和气候中的另一个葡萄品种酿造的）。

按勃艮第的标准说，博若莱是一个大葡萄酒产区。其规模是罗德岛（Rhade Island）的两倍，且比勃艮第的任何一个区都大。博若莱的山脉在西部形成一道边界；葡萄园沿着山坡向东延伸而去，一直到索恩河谷（Saone River Valley）。这个地区有近50 000英亩葡萄园，其长为34英里，宽7～9英里，这些葡萄园位于这个地区的东部。

博若莱距地中海很近，所以它有地中海似的夏天气候，温暖、干燥；但同时受内陆气候的影响，其东北部寒冷、干燥，春天还有霜冻。但总的来看，气候温和。

土壤条件的不同时决定这个地区所栽培的葡萄种类的最重要的因素：

第一，该地区的南部，维勒弗朗赛（Villefranche）以南，其土壤是河石，或黏土和石灰石土质。

第二，在北部山坡的上部分，土壤是花岗岩或片状透明岩石土质，下部分是石头和黏土土质。

正如南北部的土壤不同一样，葡萄酒也不同。呈阳刚之气的，最稳定的葡萄酒产自北部葡萄园；而最清淡的，最柔和的博若莱葡萄酒则产自南部葡萄园。

14. “新世界”的未来之星 所谓“新世界葡萄酒”代表产地有澳大利亚、美国、南非、中国等进入葡萄酒酿造行业时间不长的国家；而旧世界则指法国、意大利、西班牙、德国等有着葡萄酒酿造历史更久的国家。

新世界葡萄酒以现代创新技术进行酿造，而旧世界葡萄酒遵守传统的葡萄酒酿造工艺。新世界葡萄酒则更注重葡萄酒的香醇，果香浓郁。而旧世界葡萄酒更注重葡萄酒本味，具有酸涩的口感。新世界的葡萄酒性价比好、上口较快，在中档细分市场上很有优势，因此，近年来销售增长较快。

澳洲作为新兴的移民国家，与旧世界的葡萄酒产国相比，澳洲葡萄酒的酿制方式是与众不同的。欧洲严格遵循的传统酿酒方式，酒质与气候密切相关，遇到不好的年份，酒的品质会受到很大的影响。而澳大利亚则多为大型酒厂，采用先进的酿造工艺和现代化的酿酒设备，再加上澳大利亚稳定的气候条件，每年出产的葡萄酒的品质也相对稳定。所以在购买时不必像挑选欧洲酒那样过多地考虑年份问题。

澳洲酒的另一特点是质优价实。理想的性价比是澳大利亚葡萄酒颇具吸引力的原因之一。大部分的澳洲酒，不论在口感上或价钱上，都能符合国内消费者的需求。澳洲酒的同业们有个不成文的默契，就是不酿制价格低廉的低级酒。他们把注意力放在质量上而不是数量上。因此在近二十年间澳洲出现了不少媲美法国顶级名庄的超优质名酒，同时也涌现出一大批价格平实但质量出众的名牌葡萄酒。

葡萄酒生产向来是法国的优势，但今天法国人不得不对澳大利亚同行刮目相看。最近一项调查显示，澳洲葡萄酒已经将法国挤出了英国前十大畅销葡萄酒品牌。在英国市场上畅销的这十大品牌中，澳洲葡萄酒就占了 6 位。澳大利亚生产商一直致力于建设规模庞大的葡萄酒产业。在过去的五年里，葡萄酒的出口量增长了 50%。来自澳大利亚统计局的数字显示，澳洲葡萄酒出口量达到 5.186 亿升，出口额 24 亿澳元（约合 19 亿美元）。澳大利亚葡萄酒出口再次创下新的历史纪录。

澳大利亚葡萄酒产区主要分为四大区，分别是南澳、新南威尔士、维多利亚、西澳，各区产量比例依次为 8∶4∶2∶1。

南澳以得天独厚的优良环境，成为当今澳洲最重要的葡萄酒产区，大部分的葡萄园集中在阿德莱德附近。这里不仅有澳洲葡萄酒业的贵族 Penfolds 潘福，更有同样具有悠久历史，并且历久弥新的 Aldinga Bay 澳丁格贝。澳丁格贝酒庄近临 Aldinga 海湾，长年充裕的阳光和午后清新的海风非常适合酿酒用葡萄的生长。

新南威尔士为澳洲最早的葡萄栽种地区，澳大利亚许多知名酒厂都集中在这里。维多利亚的葡萄酒则具有相当多的类型，其内陆的产区以甜型的加烈葡萄酒闻名，东北部除了甜型酒外，也产酒色深浓、酒精度高、口味重的红葡萄酒。西澳产区则以位于伯斯东北的天鹅谷最负盛名，此地以出产白勃艮第的白葡萄酒而闻名。

南澳大部分的葡萄酒庄园集中在南谷、河地及阿德莱德附近区域，南澳有四大著名葡萄酒产区：

(1) 巴罗莎谷（Barossa Valley）。以出产全澳最有名的 Shiraz 莎瑞司而闻名于世。它的莎瑞司丰厚、辛辣，可久存。

(2) 麦格拉伦谷（McLaren Vale）。同样是以出产 Shiraz 莎瑞司闻名。麦格拉伦谷的莎瑞司新鲜、复杂而且果味甜美，与巴罗莎不完全一样的风格，从而满足不少饮家的喜好。

(3) 古纳华拉（Coonawarra）。以出产丰厚浓郁、略带香味泥土气息的嘉本纳沙威浓见称，是最早成名的澳洲嘉本纳沙威浓产区。

(4) 嘉拉谷（Clare Valley）。以出产有力而高雅的嘉本纳沙威浓和干爽怡人的威士连（Riesling）著名。

南澳名庄——澳丁格贝酒庄位于南澳葡萄酒产区的麦格拉伦谷，距美丽的 Aldinga Bay 沙滩仅 2.5 公里，全年海洋性气候的影响以及夏日午后的海风为葡萄生长提供了非常好的温度环境。澳丁格贝是麦格拉伦谷最大的私人酒庄之一，酒庄主管尼克先生为澳大利亚最著名的酿造师兼品酒人。酒庄拥有大面积葡萄种植园及酿造厂，长期致力于生产澳洲高等级葡萄酒的生产。澳洲顶级饭店的餐桌上、新加坡航空公司头等舱里都能看到澳丁格贝葡萄酒的身影。

15. 南美洲的第二大产酒国——智利 坐落于南美洲西南端的智利，地域狭长，东倚安第斯山脉，西濒太平洋，南接南极洲。并且日照长，白天酷热，夜间寒冷。得天独厚的地理条件和宜人的地中海气候为智利葡萄的生长提供了有利的条件。

智利葡萄栽培起始于 1518 年，当时的西班牙传教士在圣地亚哥周边种植葡萄，以提供教会做弥撒用葡萄酒。1830 年在法国人 Claude Gay 倡议下，智利政府设立了国家农业研究站，之后，引种了大量的法国、意大利葡萄品种，至 1850 年已有 70 多个葡萄品种。1851 年，Silvestre Ochagavia 引入优良的欧洲酿酒品种，如：赤霞珠（Cabernet Sauvignon）、黑皮诺（Pinot noir）、卡默耐（Carménère）、美露（Merlot）、夏多丽（Chardonnay）、白索味浓（Sauvignon Blanc）、赛美荣（Semillion）以及雷司令（Reisling）等，开创了智利葡萄酿酒的新篇章。1877 年，由于欧洲受根瘤蚜（Phylloxera）危害而缺乏葡萄酒供应，智利开始出口葡萄酒到欧洲。

从二战期间一直到 20 世纪 80 年代，由于繁重的苛税，葡萄酒产业的发展受到极大限制，尤其是 20 世纪 70、80 年代，由于葡萄酒的国内需求下降，导致大面积的葡萄园被砍。1980 年，葡萄种植面积仅有 106 000 公顷，相当于 1938 年的水平，而同期智利的人口却增长了一倍。

20 世纪 90 年代后，伴随着政治的稳定、经济的复苏，葡萄酒产业稳步发展。1990—1993 年，新增葡萄种植面积 10 000 公顷，大量的现代酿酒技术与设备得以采用，许多欧洲、北美投资者进入智利葡萄酒产业，智利葡萄酒产业进入现代化阶段。

智利是个狭长形的国家，有点像蚕的形状，这也使看起来不大的国家却有着寒/温/热等多种气候带。根据气候来分，主要分三个区域：北部是世界上最干燥的地区，多为高山和沙漠，出产矿产。中部为地中海气候，而葡萄酒产区多在这个区域。南部雨水丰富，但人少，岛屿多。

智利的气候对葡萄树的光合作用帮助很大，晚上的低温又给予了葡萄树充分的休息，是葡萄成熟的最理想的条件。色泽和香气都很完美。智利的葡萄酒由于夏天干燥，葡萄很少得病，加上天然的环境，很少受到葡萄病毒的入侵。这样好的种植环境，在全球都很少见。

智利作为南美洲的第二大产酒国，产量仅次于阿根廷，但出口量却遥遥领先。葡萄园集中在中部的山谷中，最主要葡萄是高收成葡萄 Pais，用做生产内销酒。其后依次是苏维翁、白苏维翁、Moscatel、莎当妮和斯美戎。

智利的葡萄酒产区分三个区域，13 个产区：分别是最北部的葡萄种植区艾尔基谷（ELGUI VALLEY）和利马里谷（LIMARI VALLEY）；第二块为中央山谷，也是酿酒葡萄最为主要的产区，细分为 8 个产区；第三块为南部的伊塔塔谷 ITATA、比奥比奥谷 BIO BIO 和 MALLECO 马尔雷考谷。酿酒葡萄种植面积约有 107 001 公顷。著名产区：Aconcagua 天气暖和，以产苏维翁葡萄为主，Errazuriz 是这里的大厂。区内的 Casablanca 山谷近年来名气也不小。

智利酒的目前基本的级数分：

VARIETAL：只列葡萄名称，这是最基本的酒。

RESERVA：珍藏级，酒是由橡木桶储存过的。

GRAN RESERVA：极品珍藏，使用更多，更新的桶，储藏的时间较长，素质也更上了一层楼，很多酒厂都有这类酒。

RESERVA DE FAMILIA：家族珍藏，基本上表示是某酒庄最好的酒，也可能有类似的方式来表达，如 MONTES 的 ALPHA 和 M，CASA LAPOS-

TOLLE 的 CLOS APALTA，VALDIVIESO 的 CABALLO LOCO NO 1，2 等代表特殊的出品。

不过，对于智利酒，不同酒庄同一级别的酒不能直接比较。

特别看点：葡萄酒品种应有尽有，而且价廉物美。智利酒容易饮，酒的风格也明朗，尽管有百酒一味的特点，但是如今许多酒厂在酿造方面也开始追求与众不同的风格。智利酒一般都比较浓郁丰厚，性价比较佳，特别在口味方面普遍适合中国消费者。

16. 葡萄酒世界产区——南非 南非是目前世界上 6 大知名的葡萄产区之一，它所产的葡萄酒产量占世界总产量的 3%。主要葡萄酒生产区分布在开普地区。开普地区处于非洲顶端地带，具有典型的地中海气候。

南非有 300 多年的葡萄酒酿酒历史。1652 年，荷兰人率先登陆这片土地，他们认为这里的气候和土壤十分适合葡萄种植，因此创建了第一个葡萄园，开创了南非的葡萄酒酿造历史。

1688 年，法国的胡戈诺派新教徒为逃避法国天主教的迫害来到南非，他们推动了南非葡萄酒酿造业的发展。

由于战争切断了法国葡萄酒向英国的供应，使得开普的酿酒业在 18 世纪得到了蓬勃的发展。然而，战争后南非向英国出口的葡萄酒量大幅萎缩，加上 1886 年的病灾毁灭了南非大片的葡萄园，从此南非葡萄酒业几近陷入混乱。

随着 1918 年南非葡萄种植者合作协会（KWV）的成立，南非的葡萄酒酿造业恢复了稳定，至今，南非葡萄酒业已经发展到拥有葡萄园面积 10 万公顷，产量达到 6 亿多升的规模，全国拥有 560 多个酒窖或葡萄酒厂，成为世界第九大葡萄酒出产国。

（1）风土概况。在南非，葡萄栽培主要集中在南纬 34 度的地中海式气候区域，该区域内西部气候凉爽，有着理想的大规模种植优良葡萄品种的条件，形成了从海边向内陆不超过 50 公里沿海的葡萄酒种植和酿酒区域。葡萄园主要集中在开普山谷两侧和山麓的丘陵地区，使得葡萄种植能够获益于多山地形和不同地质所带来的多样的区域性气候。

高低不平的地势以及山谷坡地的多样性，再加上两大洋交汇，尤其是大西洋上来自南极洲水域寒冷的班格拉洋流向北流经西海岸，减缓了夏季的暑热。白天，有海上吹来凉风习习，晚间则有富含湿气的微风和雾气。适度的光照也发挥了很大作用。这样，地形差异和区域性气候条件创造了葡萄品种和品质的多样性。

（2）土壤种类。南非被认为是人类的摇篮。在开普葡萄酒产区这片古老的土地上，由于地形及土壤的差异而各不相同。在沿海地区，多是砂质岩和被侵蚀的花岗岩，在地势较低处则被页岩层层包围。相反，靠内陆的区域则以页岩母质土和河流沉积土为主。

三种最主要的土壤类型：

花岗岩育成土。通常为红色至黄色，呈酸性，分布于山麓坡地及山区。具有良好的物理特性和保水性，分布地区有：Oakleaf，Tukulu，Hutton，Clovelly。

塔尔布山砂岩育成土。为相对贫瘠的沙土，较好的保水性。分布地区：Fernwood，Longlands，Westleigh，Dundee。

页岩育成土。通常为褐色，结构坚固，部分为已分解的母岩。富含养分，具良好的保水性。分布地区：Glenrosa，Swartland，Klapmuts，Estcourt。

(3) **生物多样性。**该区域大约有 9 600 多种植物，其中地方特有的占70%。开普植物王国是世界上六个植物王国中面积最小，但却是最丰富的一个。它孕育着超乎寻常的多种生物，潜在的赋予了这里所产葡萄酒的独特韵味。

(4) **葡萄园的改造。**近年来，为遵循南非葡萄酒产业复兴的主旨，有超过45%的葡萄庄园进行了改造。重新整合葡萄酒产品以进行全球竞争，主要措施包括：从大规模生产到进行品种培育从而酿造出高品质葡萄酒。南非葡萄园曾经以白葡萄品种为主，但是现在已经根据市场驱动朝着白、红葡萄平衡发展。

这里的葡萄酒生产商都致力于甄选最适合特殊品种葡萄的种植地。另外，也注意选择能对当地土壤和气候适应良好的新的品种品系和砧木嫁接苗。目前，南非酿酒葡萄种植规模达 110 200 公顷，分布于长约 800 公里的区域内。

(5) **葡萄酒产区。**根据 1989 年提出的酒类产品法案（该法案取代了 1957年的版本），关于葡萄酒原产地、栽培品种、葡萄收获期的控制管理，归果酒及烈性酒管理局，每个葡萄酒或白兰地酒瓶上都有一个由果酒及烈性酒管理局签发的封章。封章担保标签上标注的关于产地、品种、收获年份等所有信息的真实性。封章上的鉴定码是果酒及烈性酒管理局对葡萄酒类产品从压榨到对最终产品的鉴定进行着严格管理的一种标志。

在葡萄酒原产地计划的主导下，开普葡萄酒产区的生产区被分为官方划定的大区域、地方区域和小区。包括四个主要区域：布利德河谷，克林克鲁，沿海区及奥勒芬兹河。其中包含了 17 个不同的地方区域和 51 个更小的区，这中间就有非洲最南端 Cape Agulhas 附近令人振奋的 Elim。

大约有 73 个栽培品种被批准用于葡萄酒的生产。每个品种都具有长期以来对不同土壤和气候适应而产生的不同特点，能够满足酿造特定品质、特定口味葡萄酒的要求。这就是栽培品种、产地以及酒本身之间的一种密切关系。

产品标签上葡萄的品种名称是按照葡萄酒原产地计划获得授权的，只有品种相符才能使用。而且，只有葡萄酒中75%的成分都来自这个品种才能使用相应名称。另外，如果是出口欧盟的葡萄酒，则必须有85%的成分来自该栽培品种。

第一，康斯坦提亚。历史上著名的康斯坦提亚山谷是康斯坦提亚甜葡萄酒的发源地，这种酒在18世纪和19世纪闻名于世。在这条葡萄酒之路上，分布着为数不多的酒窖，他们保留着酿造卓越品质葡萄酒的传统。葡萄园毗邻塔尔布山的延伸部分康斯坦提亚堡，山下便是开普敦城及其延伸而出的郊区。这里种植的葡萄也得益于5～10公里以外佛斯湾吹来的凉爽海风。

第二，达岭。达岭遍布优质葡萄庄园，因其距开普敦只有一小时路程而对旅游者的吸引力越来越大。该地区的Groenekloof小区借着最靠近凉爽的大西洋，出产高品质的索味浓干白而闻名遐迩。

第三，得班山谷（Durbonville）。像康斯坦提亚一样，得班山谷的干地葡萄园非常靠近开普敦。这里有四个酒庄和三个葡萄酒酿造厂，主要位于靠海的起伏坡地上。不同的地貌和海拔，孕育了以红葡萄为重点的多种葡萄酒。该地区生产的索味浓干白和美乐被世人所熟知。

第四，克林卡鲁（小卡鲁）。这个狭长的区域从蒙地桂一直到奥茨霍恩，气候稍嫌极端——夏日较暖而降水较少。葡萄种植往往是在灌溉水充沛的河谷区。克林卡鲁生产南非最负盛名的几种加强型葡萄酒，如卡利兹卓布区因出产高品质的波特酒而闻名。

第五，北开普（Northern Cape）。开普最北部的种植区，也是第四大产区。一直沿奥兰治河延伸，是最温暖的地区，面积超过15 000公顷，是最重要的白葡萄酒产区。

第六，奥勒芬兹河（Olifants River）。沿奥勒芬兹河宽阔山谷的一片带状区域。与其他的开普产酒区相比，这里也较为温暖，降水也少。而细致的叶幕管理技术，保障了葡萄能借叶片遮挡阳光。同时，结合现代化的酿酒技术，奥勒芬兹河地区成为一个重要的优质、高价值葡萄酒的基地。该区内包含有较凉爽的、高海拔的塞德堡和皮克涅库夫区。

第七，奥弗贝格（Overberg）。新兴的葡萄栽培区如波特河、爱坚和沃克湾分布在较凉爽的南部地区。沃克湾区靠近海滨城市赫尔曼纽斯，是目前南非最好的霞多丽、黑皮诺和白索味浓的产地。这些葡萄园中有一部分靠海，能受益于凉爽的海风，土壤是风化的页岩土，非常适合喜欢凉爽气候的品种。

第八，帕尔（Paarl）。帕尔是距离开普敦50公里的一个风景优美的小镇。

坐落在由三块巨大的形如圆屋顶的花岗岩形成的岩层下部，岩石中最大的一块被称为帕尔峰。很多品种的葡萄都在这里有种植，如赤霞珠、西拉、皮诺塔吉、白诗南、霞多丽、白索味浓等。

帕尔区内被誉为开普地区“烹饪之都”的佛兰夏克，这里还保持着法国胡格诺教派特征，也反映在所产的葡萄酒中。这个区还包括惠灵顿，一个发展中的葡萄酒产区，生产一些有潜力的葡萄酒，以及最新的西蒙堡—帕尔。

第九，罗贝尔森（Robertson）。靠布利德河灌溉的罗贝尔森地区被誉为“美酒、玫瑰谷”。这里的炭岩土使它很适于放养赛马。当然，也一样适于优质葡萄酒的生产。虽然夏季的气温比较高，但是，有凉爽的带着湿气的东南风吹拂山谷。这是传统的白葡萄酒产区，以霞多丽而驰名。罗贝尔森也是开普地区最令人瞩目的几种西拉产区。另外，还有出产加强型甜葡萄酒。

第十，斯泰伦布什（Stellenbosch）。有着大学城和研究机构的美丽城镇斯泰伦布什，以自己的传统酿酒历史可追溯到17世纪后叶而倍感自豪。在其迅速增长的酒庄和酿造商数量（超过130个）中，也包括一些在开普很有名的名字。这个地区，有悠远历史的酒庄，也有当代的酿造厂，拥有几乎所有尊贵的葡萄品种。而且，还因其出产多品种调配红葡萄酒而闻名。这里集中种植区被分为几个小的品种栽培区，包括Simonsberg－Stellenbosch，Jonkershoek，Bottelary，Devon Valley，Helderberg，Papegaaiberg，Koelenhof和Vlottenburg。

第十一，黑地（Swartland）。黑地产区位于开普敦西北，属沿海区。它向北与皮克特堡接壤。在翻滚的金色麦浪与碧绿的葡萄园彼此掩映下的黑地产区，是浓郁醇厚的红葡萄及高品质加强型葡萄酒的传统产区。近年来，多种红、白葡萄酒获得大奖。这个产区还生产顶级的波特酒。

第十二，图尔巴（Tulbagh）。被Winterhoek山三面环绕的图尔巴产区同时有果园和麦田。虽然山地的复杂性造就了多种多样区域性小气候，但夏季气候仍然比较暖和。凭借现今高技术含量的葡萄园灌溉管理和先进的栽培实践，这一地区的潜力正在逐步显现。目前，在这个隐蔽的产区里，有两个协作组织和一些葡萄酒酿造厂。

第十三，伍斯特（Worcester）。沃赛斯特产区葡萄酒生产以大型合作组织为特色。它也是最重要的白兰地产区。在过去的几年，这些大型生产组织中，有一部分开始出产瓶装优质葡萄酒。该产区占据了布利德河谷的大部分区域及其支流区域。在这里，不同的河谷土壤以及微气候都有所不同。沃赛斯特附近的罗森乡村，分布着河谷土上种植的茂密葡萄园。10公里范围内就有18个酒窖。

第十四，新产区（New Areas）。

Elim，在非洲最南端，有着凉爽的海上葡萄园，是个独立的小区域。而Langkloof位于半干旱的克林卡鲁区，距离海岸只有18公里，在气候方面能够获益于海洋。

新世界的葡萄酒产酒国家都拥有一个独具特色的品种作为标志，加州的Zinfandel，澳洲的Shiraz，新西兰的Sauvignon Blanc，阿根廷的Malbec。对于南非来说，这个标志属于Pinotage。现在的Pinotage葡萄酒具有异常新鲜浓郁的果香。口感柔和多汁，略微带一点甜味。

南非共有12条葡萄酒农庄大道。第一条大道是Groot Constantia，南非最古老的葡萄园是斯德伦波士Stellenbosch，其他著名农庄包括帕耳Paarl，威灵顿Wellington，Vignerons de Franschhoek，ulbagh，Worcester，Robertson，Swartland，Olifants River，Overberg，Little Karoo以及Durbanville。

南非的葡萄酒种类繁多，各式红酒、白酒、甜酒、气泡酒、Sherry。南非葡萄种植季节比欧洲早六个月，新酒上市也就比法国早半年。

开普敦有五个葡萄种植大区，种植面积超过100多万公顷，有340座酒窖和酒厂。

开普敦有5个葡萄种植大区：coastal、oifanta河，boberg，breede河谷与klein、karoo地区，另外还有奥兰治河葡萄园及Loopspruit酒区。

17. 意大利多娜佳塔酒庄 多娜佳塔酒庄（Donnafugata）位于意大利南部的西西里岛玛萨拉和康特莎·安特丽娜产区。多娜佳塔酒庄的主人拉奥家族（Rallo）早在150多年前开始酿造葡萄酒，葡萄酒已成为他们家族事业中不可缺失的一部分。1983年，吉奥卡莫·拉奥（Giacomo Rallo）和妻子卡贝拉（Gabriella）决定将这块土地的潜质开发出来，建立了多娜佳塔酒庄。酒庄最早建于西西里西部的玛萨拉和康特莎·安特丽娜产区，随着时间的发展，多娜佳塔在1989年将触角伸展至西西里南部的潘特里亚岛（Pantelleria），用来酿造甜白葡萄酒。时至今日，玛萨拉产区已没有葡萄园，只留下酒窖作为装瓶用途，但建于1851年的酿酒间却极具纪念意义，从建造风格和工艺均秉承了当年的意大利工艺。康特莎·安特丽娜产区则因为有着较高的海拔，昼夜较大的温差和舒适的海风对葡萄的酸度平衡、水分蒸发有着极其良好的帮助，加上多达260公顷的土地足以让酒庄将绝大部分葡萄集中在此种植，所以很快成为庄园的主要葡萄园。

多娜佳塔在康特莎·安特丽娜产区有260公顷葡萄园，主要种植安索妮卡、卡塔拉托、达沃拉这些典型的意大利葡萄品种，以及一些非常适合本地生长的外来品种如赤霞珠、西拉、霞多丽和维欧尼，这样做的一个明显好处是能

够让一瓶葡萄酒用上四到五个葡萄品种来混合酿造，让他们互相吸取彼此的优点。在潘特里亚岛的68公顷葡萄园里，酒庄只用来种植吉比波葡萄，该葡萄是意大利对麝香葡萄（Moscato）的别称，多娜佳塔将此葡萄大部分用来酿造甜白葡萄酒。在葡萄种植、酿酒方面，多娜佳塔在酿酒工艺上采用了传统、现代相结合的方式，在采收时节酒庄坚持在其330公顷的葡萄园上采用全人工采摘，而康特莎·安特丽娜的采摘因为丰富的葡萄种植品种成为酒庄首先要关注的地方，所有葡萄会根据成熟程度和特性安排采收时间，例如8月霞多丽、9月赤霞珠，接着是达沃拉、安索妮卡等。

作为一个新晋意大利酒庄，多娜佳塔用其优秀的酿酒理念和工艺来表达西西里葡萄酒的同时也相当注重葡萄酒在文化领域产生的影响。2002年，酒庄主人的女儿Jose Rallo和其他爵士爱好者共同组建了一个“多娜佳塔音乐与葡萄酒”项目，他们根据酒庄每一个系列的特色制作了相对应的爵士音乐，这些音乐营造的氛围能够让人们在品尝葡萄酒时有更加深刻的认识，随着时间的发展，这个项目开始在2004年开始世界巡回演出，从2004年的米兰开始，酒庄陆续在纽约、北京、上海举办了多次爵士音乐会，直至现在，酒庄通过颁布专辑来继续影响所有关注西西里葡萄酒和爵士音乐的人。除此以外，酒庄希望所有喜欢西西里葡萄酒和爵士音乐的人能够亲自来到酒窖，亲身地感受一下酒庄定期为游客举行的各种音乐会及美食节。

实际上，多娜佳塔除了在音乐方面还在文学、艺术、环保，甚至考古学方面有着不俗的成绩，虽然有人会将酒庄的这种行为和“不务正业”画上等号，怀疑酒庄在此种情况下能否专注于酿造优秀的葡萄酒，但事实是多娜佳塔自1995年开始在法国、英国、意大利和美国屡获殊荣，Robert Parker主办的Wine Advocate杂志和英国的Decanter等都曾对其达沃拉葡萄酿造的Contessa Entellina系列给出了90～93的高分。

多娜佳塔天方夜谭（Donnafugata Mille e Una Notte）

采用达沃拉葡萄酿造的系列一直是多娜佳塔的拿手好戏，该葡萄是意大利著名本土品种桑娇维赛的另一别称，多娜佳塔在其旗舰作品Mille e una Notte里面采用了酒庄最佳品质的达沃拉配以小比例其他葡萄品种，在不锈钢桶发酵完毕后放入将近全新的法国橡木桶内陈酿14～16个月，最后在瓶内陈酿2年才进入市场出售，酒体风格相当雄厚壮实、复杂多变。值得一提的是，该酒进入中国市场后ASC给其取了个相当本地化的中文名称：天方夜谭，来自Mille e una Notte的中文意思为“一千零一夜”。

多娜佳塔风之子（Donnafugata Ben Rye）

酒庄在潘特里亚岛（Pantelleria）上采用吉比波葡萄的Ben Rye也相当耐

人寻味，如上所述，吉比波是麝香葡萄在此的另一个别称，可酿造出口感丰厚、芳香迷人、回味绵长的白葡萄酒，而该酒的中文名字“风之子”据说来自于潘特里亚岛上的略带芳香的微微细风，这些一年四季保持着的微风仿佛触手可及，给人浪漫迷人的感受。

18. 德国葡萄酒产区 德国不仅啤酒举世闻名，葡萄酒也在世界酒坛占有相当地位。德国葡萄种植面积约 10 万公顷，葡萄酒年产量约一亿升。以白葡萄酒为主，约占总产量的 87%，类型非常丰富，从一般半甜型的清淡甜白酒到浓厚圆润的贵腐甜酒都有，另外还有制法独特的冰酒。

德国葡萄酒产区分布在北纬 47°～52°，是全世界葡萄酒产区的最北限，虽然种植环境不佳，但凭着当地特有的风土和日耳曼人卓越的酿造技术，也酿造出媲美法国的顶级葡萄酒，成为寒冷地区的葡萄酒典范。主要产区为莱茵地方、纳赫、摩塞尔河流域、巴登、乌腾堡等地。其中莱茵地方又分为莱茵高、莱茵法兹、莱茵黑森三个产区，所出产的酒泛称莱茵酒，口味较摩塞尔河流域生产的葡萄酒浓郁。

德国葡萄酒有两大特色，一是由于气候寒冷，为了让葡萄充分成熟，一般采收时间较晚，以此酿成的葡萄酒具有一种新鲜活泼的酸味，有时还进行补糖工作；另一特色是所采收的葡萄通常保留 1/10 不予发酵，直接做成葡萄汁存放在高压槽内，待装瓶时再掺入这些汁液，如此做出来的葡萄酒带有一股优雅的果香味，而且酒精浓度通常不高，极适合初尝葡萄酒的人饮用。

第一，莱茵高。种植面积只有 3 000 多公顷的莱茵高，早在加洛林王朝时期就开始大规模种植葡萄，但繁荣的葡萄产业基础，主要奠基于本笃教派约翰尼斯贝格修道院及西多教派埃伯巴赫修道院。这两所修道院人员在 1773 年实验出晚收成的葡萄，对后来德国葡萄酒的发展有重大贡献。

该区著名的葡萄园地处南向斜坡，白天可获得充分的阳光照射，夜晚则为来自莱茵河面的雾气所笼罩，十分适合葡萄的种植。著名的贵腐葡萄即生长在如此优良的环境中，以贵腐葡萄酿制而成的超甜贵腐葡萄酒，拥有独特晶莹的金黄色泽，风味绝佳。

第二，莱茵法兹。莱茵法兹原文为“宫殿”之意，因古罗马皇帝奥古斯都在此建行宫而得名。此区是德国所有葡萄酒产区中，气候最佳、土壤最肥沃的地区，再加上高密度的种植方式，使得每公顷葡萄产量非常高，也是德国葡萄酒产量最高的地区。

该区葡萄品种以雷司令为主，红酒白酒均有生产，白酒的种类又特别丰富，从风味朴实、特性优越到被评为顶级的葡萄酒都有，其中又以迟摘葡萄酒的做法最为特殊。所谓的“迟摘”是指葡萄成熟后先不摘下，让其留在葡萄架上自然风干枯萎，并任由贵腐菌附着发酵，而形成汁液不多的葡萄干，此种方式收成的葡萄糖分特别高，所酿出来的葡萄酒风味格外圆润香浓，且带有一种独特的蜂蜜味，堪称是白酒中的上品。

第三，莱茵黑森。莱茵黑森是德国最大的葡萄酒产区，德国最受欢迎的葡萄酒“圣母之乳”就是来自本区沃姆斯市的圣母院葡萄园。像乳汁一般甜美的“圣母之乳”，口味清淡，芳香醇美，喝过者皆赞不绝口。此外，该区所产的雷司令白酒，不仅口感平衡细腻，而且有浓郁的水蜜桃和柑橘等香味，是德国最佳的雷司令产区之一。

第四，纳赫。纳赫位于莱茵黑森及摩塞尔区之间，所以出产的葡萄酒也兼有这两区的特色。不过，由于该区的土质多变，富含各种矿物质，使得这里生产的葡萄酒具有各种不同的风味。

第五，摩塞尔河流域。摩塞尔河发源于法国境内的弗日山脉，流出法国后成为德国和卢森堡的天然国界，并在德国西部边境蜿蜒流贯245公里，最后在科布伦茨与莱茵河汇流。摩塞尔河注入莱茵河前，因河道曲折多弯，而产生许多地形险恶、日照充足的河谷地，提供了非常适合葡萄生长的天然环境。摩塞尔地区的开发，始于公元前16年罗马皇帝奥古斯都为了抵御北方蛮族而在托利亚建城。罗马人在建城的同时，也在这块土地开启了德国葡萄酒的历史，此举不但奠定了摩塞尔河地区的繁荣基础，也为它赢得了“德国葡萄酒之都”的美誉。主要的葡萄酒产地在位于中游的伯恩卡斯特、萨尔河地区及鲁尔河地区等。

该区土壤由黑色板岩、砾沙石及贝壳钙构成，土质肥沃，所栽种的葡萄以雷司令品种为主，占有55%的种植面积，但因产量低，葡萄酒产量只占33%。以本区雷司令葡萄所酿制的葡萄酒，拥有一种独特的烟熏味，口感清爽，有新鲜花香，存放不久即可饮用。

第六，巴登。巴登是德国最南端的葡萄酒产地，由于该区的气候条件相当优越，日照时间极长，是德国最温暖的区域，因此常被喻为德国的普罗旺斯。此地在罗马人种植葡萄之前，就已经有野生葡萄的存在。

巴登的葡萄种植面积在全德国排名第三，白葡萄酒和红葡萄酒都有生产，其中红葡萄酒的产量仅次于乌腾堡，居全国第二位。由于气候的关系，巴登的葡萄品种不同于德国其他产区以雷司令为主，而是以具有地方特色的皮诺葡萄为主。皮诺葡萄包括黑皮诺葡萄、白皮诺葡萄及灰皮诺葡萄，其中又以灰皮诺葡萄最重要，非常适合用来酿造迟摘或贵腐型甜酒。该区所产葡萄酒，在口感上较为丰润饱满，更具有南方的特色。

第七，乌腾堡。乌腾堡是德国少数红葡萄酒产量高于白葡萄酒的产区，也

是德国最大的红葡萄酒产地。这里的葡萄园大半种植红葡萄，品种多达 50 种，其中以林格葡萄、黑雷司令葡萄及林伯格葡萄最为重要。此外，该地的红葡萄酒颜色都相当清淡，很少有单宁的涩味。

乌腾堡过去因土地继承法规定将土地均分给继承人，葡萄园被分割的极小，平均面积不到一公顷。为了顾及成本，大部分的葡萄农都将收成交给酿酒合作社酿制，所以少有独立的酿酒厂。由于本地居民的年平均饮葡萄酒量是全国平均值的两倍，所产的葡萄酒几乎自给自足，很少有多余的酒可供外销。德国是世界上纬度最北的葡萄酒酿造地区。这个区域的葡萄成熟期较其他地区长，大量葡萄种植在河谷地带，日照充分，气候温和湿润，冬季的适当低温又满足了葡萄枝蔓休养生息的条件。2000 年的葡萄种植历史以及特有的各种优质名贵葡萄品种，加之完美的酿造工艺和严格的质量标准，造就了品味高雅、久负盛名的德国葡萄酒。

德国葡萄酒以 100%的葡萄汁酿制而成，除葡萄中的糖分转化为含量很低的酒精外，所有氨基酸、维生素及对人体有益的微量元素都保留其中，所以它不仅清雅宜人，而且具有高营养保健价值，并可与东西方各种风味菜肴搭配，且相得益彰。

19. 勃艮第 勃艮第是法国另一大闻名世界的葡萄的故乡，以使用霞多丽和黑品乐葡萄酿造单一品种的清爽典雅型白葡萄酒和清淡型红葡萄酒为主。主要产区包括沙布利（Chablis）、金丘（Cte d’Or）、莎隆丘（Cte Chalonnaise）和马岗（Maconnais）。

沙布利是勃艮第著名的葡萄酒产区，该产区酒园采用 100%霞多丽葡萄酿造白葡萄酒，这是一种很冷峻的干白葡萄酒，是配海鲜食品的佳酿。金丘位于勃艮第的中心地带，出产名贵的红、白葡萄酒。金丘北部地区称做夜丘（Cte de Nuits），出产采用 100%黑品乐酿造的红葡萄酒；南部地区称作伯恩丘（Cte de Beaune），则采用 100%霞多丽酿造的白葡萄酒。马岗是由许多小村庄组成的白葡萄酒产区，所有的马岗白葡萄酒也同样采用 100%的霞多丽葡萄酿造。依据葡萄原产地和品质，勃艮第由低到高可分为五种 AOC：产地级 AOC，如勃艮第 AOC；产区级 AOC；村庄级 AOC；一级葡萄园 AOC 和特级葡萄园 AOC。

附录 2　葡萄酒分类

1. 按颜色分类

红葡萄酒：用皮红肉白或皮肉皆红的葡萄带皮发酵而成。酒液中含有果皮或果肉中的有色物质，使之成为以红色调为主的葡萄酒。这类葡萄酒的颜色一般为深宝石红色、宝石红色、紫红色、深红色、棕红色等。

白葡萄酒：用白皮白肉或红皮白肉的葡萄经去皮发酵而成。这类酒的颜色以黄色调为主，主要有近似无色、微黄带绿、浅黄色、禾秆黄色、金黄色等。

桃红葡萄酒：用带色葡萄经部分浸出有色物质发酵而成。它的颜色介于红葡萄酒和白葡萄酒之间，主要有桃红色、浅红色、淡玫瑰红色等。

2. 按含二氧化碳压力分类

平静葡萄酒：也称静止葡萄酒或静酒，是指不含二氧化碳或很少含二氧化碳（在 20 ℃时二氧化碳的压力小于 0.05 兆帕）的葡萄酒。

起泡葡萄酒：葡萄酒经密闭二次发酵产生二氧化碳，在 20 ℃时二氧化碳的压力大于或等于 0.35 兆帕。

加气起泡葡萄酒：也称为葡萄汽酒，是指由人工添加了二氧化碳的葡萄酒，在 20 ℃时二氧化碳的压力大于或等于 0.35 兆帕。

3. 按含糖量分类

(1) 平静葡萄酒。

干葡萄酒：干葡萄酒是指含糖量（以葡萄糖计，下同）小于或等于 4.0 克/升的葡萄酒。由于颜色的不同，又分为干红葡萄酒、干白葡萄酒、干桃红葡萄酒。

半干葡萄酒：半干葡萄酒是指含糖量 4.1～12.0 克/升的葡萄酒。由于颜色的不同，又分为半干红葡萄酒、半干白葡萄酒、半干桃红葡萄酒。

半甜葡萄酒：半甜葡萄酒是指含糖量 12.1～50.0 克/升的葡萄酒。由于颜色的不同，又分为半甜红葡萄酒、半甜白葡萄酒、半甜桃红葡萄酒。

甜葡萄酒：甜葡萄酒是指含糖量大于或等于 50.1 克/升的葡萄酒。由于颜色的不同，又分为甜红葡萄酒、甜白葡萄酒、甜桃红葡萄酒。

(2) 起泡葡萄酒。

天然起泡葡萄酒：含糖量小于或等于 12.0 克/升的起泡葡萄酒。

绝干起泡葡萄酒：含糖量 12.1～20.0 克/升的起泡葡萄酒。

干起泡葡萄酒：含糖量 20.1～35.0 克/升的起泡葡萄酒。

半干起泡葡萄酒：含糖量 35.1～50.0 克/升的起泡葡萄酒。

甜起泡葡萄酒：含糖量大于或等于 50.1 克/升的起泡葡萄酒。

4. 按酿造方法分类

天然葡萄酒：完全用葡萄为原料发酵而成，不添加糖分、酒精及香料的葡萄酒。

特种葡萄酒：特种葡萄酒是指用新鲜葡萄或葡萄汁在采摘或酿造工艺中使用特种方法酿成的葡萄酒。

利口葡萄酒：在天然葡萄酒中加入白兰地、食用精馏酒精或葡萄酒精、浓缩葡萄汁等，酒精度在 15%～22%的葡萄酒。

加香葡萄酒：以葡萄原酒为酒基，经浸泡芳香植物或加入芳香植物的浸出液（或蒸馏液）而制成的葡萄酒。

冰葡萄酒：将葡萄推迟采收，当气温低于－7 ℃，使葡萄在树体上保持一定时间，结冰，然后采收、带冰压榨，用此葡萄汁酿成的葡萄酒。

贵腐葡萄酒：在葡萄成熟后期，葡萄果实感染了灰葡萄孢霉菌，使果实的成分发生了明显的变化，用这种葡萄酿造的葡萄酒。

5. 按饮用方式分类

开胃葡萄酒：在餐前饮用，主要是一些加香葡萄酒，酒精度一般在 18%以上，我国常见的开胃酒有味美思。

佐餐葡萄酒：同正餐一起饮用的葡萄酒，主要是一些干型葡萄酒，如干红葡萄酒、干白葡萄酒等。

待散葡萄酒：在餐后饮用，主要是一些加强的浓甜葡萄酒。

6. 按酒体类型及产区分布

（1）白葡萄酒。

第一，淡型白葡萄酒。所谓清淡型的白葡萄酒指的是口感清淡、有一定的酸度、果香清新淡雅而又单纯不复杂的白葡萄酒，这类酒的酒体一般会用“轻巧”来形容。如果以茶来类比的话，这类酒更像白茶。国内白葡萄酒大部分属于此类型。法国阿尔萨斯用白比诺、雷司令酿造的白葡萄酒。法国的勃艮地普通的夏布利（Chablis）酒和 MACON 区的白葡萄酒。法国卢瓦尔河谷的麝香玫瑰酒（Muscadet）。波尔多只用长相思品种酿造的白葡萄酒。葡萄牙的绿酒（Vinhos Verdes）。多数西班牙白葡萄酒。德国 KABINETT 级别的酒以及普通级别的酒，如莫塞（Mosel）产区的酒。美国加州的长相思。意大利的 SOAVE ORVIETO 地区，一般用白比诺和 PINOT GRIGIO 酿造的意大利白葡萄酒也多倾向于此类型。

第二，中等柔滑，芬芳型的白葡萄酒。这类酒是最普遍的白葡萄酒，这类白葡萄酒的酒体为中等厚度，突出丰富的果香，如花香和一些水果的香气，酸度适中，口感圆润柔滑，有的酒会短时间地在木桶里待过，所以有些这类酒会带来轻微的香草和烤面包的甘甜香气和甘味。这类酒类似于我们的龙井茶和碧螺春，用适温的水泡出来喝更是香气扑鼻、口感圆滑。山西的怡园和山东华东酒厂的桶陈白葡萄酒或者说好年份的不经过桶陈的白葡萄酒，都是这类葡萄酒。最典型的是新西兰的白葡萄酒，如长相思和霞多丽；澳大利亚、美国（木味少的白葡萄酒）、智利等国家的白葡萄酒；西班牙著名的白葡萄酒产区加里西亚（GALICIA）的酒；法国波尔多格拉夫和贝杰哈克（BERGERAC）的白葡萄酒；法国一级葡萄园的夏布利；法国罗纳河谷 POUILLY FUME 和 SANCERRE 形态的白葡萄酒；德国莱茵（RHEINGAU）产区的白葡萄酒。

第三，浓郁的白葡萄酒。此类酒通常有着烤面包、黄油、香草、热带水果、坚果的气味，有的甚至还有烟熏味，酒的口感也是较为浓郁稠密的，通常这类酒是放在橡木桶内发酵的。酒厂会在好年份才用心酿造这类酒，而且有的酒还可以储存数十年。轻度发酵的乌龙茶很类似于这类白葡萄酒，比所有的绿茶味道要重，虽然发酵过，但口感却更似绿茶。这类酒在美国、勃艮地、波尔多比较多。如美国加州的霞多丽；法国波尔多经过木桶发酵的白葡萄酒；法国勃艮地的 MEURSAULT、CHASSAGNE MONT - RACHET、PULIGNY MONTRACHET。

（2）**甜葡萄酒。**甜酒的类别较多，比如甜酒类的冰酒、贵腐酒、晚收成葡萄酒等都是有浓厚度之分的。以茶来类比，对应这类酒的是加了糖的菊花茶。这类酒的代表是：法国波尔多的苏玳（SAUTERNES）和巴萨克（BARSAC）；法国西南部的蒙巴兹亚克（MONBAZILLAC）和苏西尼雅克（SAUSSIGNAC）；加拿大的冰酒；德国 BEERENAUSLESE（即 BA）和 TROCKENBEERE-NAUSLESE（即 TBA）级别的酒。意大利麦秆酒（即铺在麦秆上晾干后酿造的葡萄酒），比如说 RECIOTODELLA VALPOLICELLA、AMARONE DELLA VALPOLICELLA、RECIOTO DI SOAVE 以及其他国家的晚收成葡萄酒。

（3）**红葡萄酒。**

第一，果味型轻柔红葡萄酒。这是从来没有喝过葡萄酒的人最容易入门的红葡萄酒类型，通常有清新的果香，单宁不明显，口感柔顺易饮。这种酒不需要醒瓶，也不需要放在家里再储存，属于现买现喝的酒。这类酒像轻淡的红茶和水果袋泡茶。国内的山东、河北、天津的一些产区都会有此风格的酒。国外的这类酒有：法国薄酒来新酒；意大利的 VALPOLICELLA 酒和用草包起来的 CHIANTI 葡萄酒。其他气候比较凉的地区产的红葡萄酒也倾向于此类型，比如法国北部和德国、奥地利等国家。

第二，中等酒体的红葡萄酒。这类酒通常果味和单宁都不那么淡，但是也没有那么浓，基本上世界各个产区都有生产。这类酒像我们经常喝的红茶，品质不差，但是也不会太好，却可以经常消费而且消费得起。当然，即便中等酒体的红葡萄酒，也有品质高低之分。这类酒的代表有：勃艮地红葡萄酒；波尔多小酒庄酒；法国西南部的酒；罗纳尔河谷产的酒；美国的美露、黑皮诺、金粉黛；新西兰红葡萄酒；意大利 CHIANTI CLASSICO 级别的酒；西班牙利奥哈的酒。

第三，浓郁丰厚的红葡萄酒。这里通常指的是口味重的葡萄酒，经常会听到人们讲的“BIG WINE”（大酒）一般指的就是这类酒。这个词是中性的，不代表好与差，与各人的喜好有关。这一类型的酒通常单宁重，酒精度也高，喜欢喝浓厚口味的人或者喜欢重单宁的人会非常喜欢。这类酒一般来讲价格昂贵，被不少人认为是好酒，但是并非浓郁的酒都是好酒，有些浓郁的酒是很粗糙的品质不佳的酒。这类酒像我们很多人喜欢的口味浓厚的红茶，成年数年的红酒如同我们存放了十年以上的红茶饼一样醇厚芬芳，特别有的红葡萄酒成熟的时候会有红茶的香气（注：这里的红茶味指的是新泡的红茶的香气，而非酒老时茶渣的气味）。能酿出这类酒的葡萄品种主要是赤霞珠、西拉、雪拉子等，意大利的桑乔维亚也能酿出浓郁的酒。这类酒比较集中在温度高的葡萄酒产区，比如说美国加州、澳大利亚、智利。代表性的酒是：法国南部的 LANGUEDOC、波尔多、CHATEAUNEUF DU PAPE 以及 HERMITAGE。西班牙 GRAN RESERVA 级别的酒。葡萄牙多罗河（DOURO）一带的葡萄酒。其他酒类其他的玫瑰红酒、起泡酒、酒精加强葡萄酒的雪莉酒、波特酒、马德拉酒也可以按照酒体轻重分类。

附录3 北京葡萄采摘园

1. 万亩葡萄旅游观光采摘园 采育镇是京郊主要的葡萄产区之一，葡萄已成为采育地区农业的一项“主导产业、特色产业、优势产业”。这里的葡萄种植面积达2万余亩，栽种约有100多个葡萄品种，每年的6～11月均有成熟的葡萄佳品。采育注册的“京采”商标，先后通过了北京市食用农产品安全认证、无公害农产品和产地认证，使得采育享有“中国葡萄之乡”和“北京吐鲁番”的美誉。

万亩葡萄旅游观光采摘园内建有葡萄庄园、葡萄博物馆、葡萄研究所，使园区成为葡萄展示、人才培训、观光采摘、休闲娱乐、餐饮住宿等多功能为一体的葡萄观光园区。

采摘品种：巨峰、红瑞宝、玫瑰香、高墨、藤稔、无核鸡心白、红提等葡萄品种。

2. 京南采育旅游观光精品采摘园 京南采育旅游观光精品采摘园位于大兴区采育镇大皮营二村，周边辐射果园种植面积2 000余亩。采摘园先后引进了多个国家的优良果树品种，利用这里得天独厚的自然条件和生态农业的有利条件，培育种植出了多种优质水果。京南采育旅游观光精品采摘园的主要采摘品种有：葡萄、桃、杏、李子等，采摘期为每年的6～10月，期间有不同的果品相继成熟。

3. 百年百亩玫瑰香采摘园 采育镇的潘铁营村已有百年的“玫瑰香葡萄”种植史。目前，这里占地100余亩的“百年百亩玫瑰香采摘园”，是北京地区树龄较大的玫瑰香种植园，园区内采用标准化生产种植技术，施用有机肥，使得这里的葡萄能够在无污染的良好环境下生长，为人们提供了“安全、绿色”的葡萄果品。玫瑰香葡萄颗粒小、甜度高，肉嫩多汁，有浓郁的玫瑰香味，是人们最喜爱的葡萄品种之一。同时，玫瑰香葡萄营养丰富，其含有的自然酸，可排出体内毒素，起到净化血液、促进血液循环的作用，具有一定的医疗价值。

4. 北京葡萄大观园 葡萄大观园位于通州区张家湾镇大北关村，占地200亩，是集世界各国名优葡萄品种种植、观光采摘、科普宣传、会议培训等为一体的现代都市型科普观光农业园区。该园于2002年建立，现已有维多利亚、里扎马特、美人指、意大利、红地球、巨玫瑰、贵妃玫瑰、红双味、秋黑、醉金香等早中晚熟、不同形状、不同颜色、不同风味的国内外优质鲜食葡萄近百种。另外，园区还种植有部分国内外优新品种桃、梨、樱桃、枣、李子等其他种类果树。

5. 金地庄园采摘园 金地庄园地处风光秀丽的白鹤公园西岸。整个园区布局独特，南部是葡萄走廊，北部是绿化林带，周边是由花椒树构成的围墙，园内种植了宝石无核、世纪无核、早红无核、汤姆逊无核和红提、黑提、青提、意大利亚、奥古斯特、圣诞玫瑰、美人指等80余种葡萄优良品种，是密云县葡萄品种最齐全的采摘基地之一。

6. 长阳夏场温室葡萄观光采摘园 夏场温室葡萄观光采摘园位于房山区长阳镇南部，永定河西岸，夏场村西，紧邻六环路和长韩路，交通十分便利。

园区占地面积200亩，建有日光温室120栋，全部用于葡萄种植。有香妃、玫瑰紫、京秀、优无核、87－1等20余个葡萄品种，5月中旬进入采摘期，由于此时正是初夏季节，大部分的露地种植果树刚刚进入开花坐果期，而温室里已经是葡萄成熟采摘期，一串串紫红的葡萄挂满棚架，在绿叶的衬托下格外喜人。

7. 前庙有机葡萄园 前庙有机葡萄园位于延庆县张山营镇前庙村，紧邻松山原始森林景区和古崖居景区。该村主导产业是以葡萄种植为主，现共有葡萄1 000亩，成活果树（葡萄）21万株，有红地球、里扎玛特、黑奥林、美人指、巨峰等十几个品种，其中红地球、黑奥林、里扎玛特三个葡萄品种，曾于1998年全国第五届鉴评会上被评为全国金奖。

8. 鲁各庄红提葡萄采摘园 鲁各庄红提采摘园位于大兴庄镇鲁各庄村，占地300亩，紧邻顺平路，交通便利。种植的葡萄品种丰富，有红提、里扎马特、分红亚都密、奥古斯特等品种，园区全部使用优质有机肥，不施化肥。全部实行套袋管理，减少农药的使用。游客在采摘的同时，还可以品尝到采摘主人自酿的葡萄酒。

9. 香味葡萄园 香味葡萄园在昌平区马池口镇乃干屯村东（华彬庄园南），这里的德含香蜜、巨玫瑰、红富士葡萄反应最好，是游客青睐的采摘对象。

参考文献

艾瑞 . 2013. 法国葡萄种植和葡萄酒酿造技术亮相烟台 [J]. 中国食品 (16): 82.

车晓君，张胜男，张迈 . 2013. 葡萄酒旅游创意体验研究 [J]. 旅游论坛 (1): 81 - 86.

陈习刚 . 2013. 中国葡萄酒（宋前）历史文化考　第三部分　葡萄酒经济 [J]. 酒世界 (3): 78 - 80.

陈习刚 . 2013. 中国葡萄酒（宋前）历史文化考 [J]. 酒世界 (1): 80 - 83.

冯新生 . 2009. 北京个性休闲中感受城市文化 [N]. 中国旅游报，4 - 17.

高桦 . 2005. 北京龙徽：蓄势亚洲葡萄第一酒 [J]. 投资北京 (6): 70 - 72.

胡予泽 . 2013. 法国波尔多葡萄酒出口营销的策略分析 [D]. 沈阳：辽宁大学 .

李婧，胡文忠 . 2014. 赤霞珠葡萄酒酿造过程中白藜芦醇的变化 [J]. 食品研究与开发 (1): 61 - 63.

琳达 . 2013. 新西兰葡萄酒酿造商今年再次造访中国 [J]. 中国食品 (13): 73.

吕妮 . 2012. 威龙葡萄酒营销策略研究 [D]. 西安：西北大学 .

苏晓倩 . 2013. 创腾公司葡萄酒产品吉林区目标市场营销策略研究 [D]. 长春：吉林大学 .

孙承贤 . 2014. 烟台葡萄酒产业蓬勃发展 [J]. 中国酒 (1): 62 - 63.

王安娜 . 2013. 酵母多糖在葡萄酒生产中的应用研究 [D]. 西北农林科技大学 .

王姣，冯仁德，邓俊超 . 2012. 葡萄酒文化营销模式的创新研究 [J]. 经济研究导刊 (27): 229 - 230.

王晓璐 . 2014. 佳瑞，葡萄酒归来 [J]. 商周刊 (1): 94 - 95.

王洋洋 . 2010. 吃得自然，活得健康　做中国有机红酒第一酒庄——访北京波龙堡葡萄酒业有限公司董事长唐捷女士 [J]. 中国食品工业 (5): 26 - 27.

王玉霞，张超 . 2013. 葡萄酒风味提升酶的研究进展 [J]. 酿酒科技 (11): 88 - 91.

韦旭阳 . 2012. 中国进口葡萄酒市场价格主要影响因素研究 [D]. 杨凌：西北农林科技大学 .

吴敬才 . 2013. 南方家庭红葡萄酒酿造技术 [J]. 福建农业科技 (10): 81 - 84.

小雪 . 2010. 龙徽——中国葡萄酒的出口奇迹 [J]. 中国新时代 (8): 74 - 75.

杨吉华 . 2012. 葡萄酒文化产业初探 [J]. 中外葡萄与葡萄酒 (3): 65 - 68.

于莹，陈尚武，马会勤 . 2008. 对北京葡萄酒市场和大众葡萄酒消费群体的调查 [J]. 中国酿造 (3): 95 - 96.

詹婷婷 . 2009. 基于酒庄的葡萄酒旅游者行为研究 [D]. 北京：首都师范大学 .

张崇军 . 2013. 葡萄酒生产工艺对其营养价值的影响 [J]. 食品安全导刊 (Z1): 72 - 73.

章玉，王薇 . 2012. 中国葡萄酒市场前景看好 [N]. 中国食品报，11 - 09.

赵悦汝 . 2012. 进口葡萄酒在中国市场的营销策略研究 [D]. 天津：天津大学 .

何瑜，霍学喜．2012. 中国葡萄酒行业全要素生产率及其变动研究［J］. 统计与决策（24）：113－116.

张红梅，宋莉，沈杨．2014. 中国葡萄酒文化旅游发展战略研究——以宁夏贺兰山东麓为例［J］. 干旱区资源与环境（5）：197－202.

于莹，陈尚武，Herve Remond，等．2007. 对北京葡萄酒市场和大学生葡萄酒消费群体的调查［J］. 酿酒科技（4）：126－128.

李甲贵，贾金荣，何立功．2010. 国外葡萄酒市场细分：研究现状及借鉴［J］. 中国酿造（1）：173－176.

梁新红，杨大光，焦宝硕．2010. 中国葡萄酒文化旅游资源类型分析［J］. 酿酒科技（10）：103－106.

张翛翰，黄卫东．2011. 北京地区消费者对葡萄酒等级和原产地制度的认知［J］. 食品与发酵工业（9）：180－184.

段文卿．2012. 北京葡萄酒市场向高端迈进［N］. 华夏酒报，3－20.

祁超萍．2012. 烟台葡萄酒文化旅游形象的塑造［J］. 江苏商论（8）：102－105.

贾长宝．2013. 从文明史视角看古希腊葡萄和葡萄酒的起源传播及影响［J］. 农业考古（1）：291－297.

徐金玉．2013. 让葡萄酒文化走进生活［N］. 人民政协报，3－29.

满歆琦．2013. 浅析葡萄酒文化在中国的推广现状与对策［J］. 绿色科技（5）：321－323.

孙长花，于智勇．2013. 优良菌种发酵葡萄酒优化条件的探讨［J］. 生物学杂志（5）：96－100.

许红．2013. 对葡萄酒质量安全的分析［J］. 现代经济信息（5）：274.

张昭．2013. 论葡萄酒庄的旅游规划［J］. 四川建材（5）：253－254.

郝瑞颖，赵洁，刘延琳．2013. 葡萄酒酿造过程中酿酒酵母乙醛代谢特征的研究［J］. 食品科学（7）：175－179.

杨钰洁．2013. 2013 北京国际葡萄酒展即将召开［J］. 中国酒（9）：85.

孙竹青．2013. 北京：葡萄酒个人消费走强［N］. 华夏酒报，10－22.

王显苏．2014. 葡萄酒工艺及相关质量安全性评价［J］. 科技传播（1）：146－147.

杨雪莲，何凤美，王家法，等．2014. 简易葡萄酒酿造过程中存在的问题及解决办法［J］. 绿色科技（1）：245－248.

尹微，苏晓光．2014. 澳大利亚葡萄酒旅游业的发展及其启示［J］. 世界农业（1）：116－118.

张方艳，蒲彪，陈安均．2014. 果酒降酸方法的研究现状［J］. 食品工业科技（1）：390－393.

孙竹青．2014. 2014 年葡萄酒市场恐将持续低迷［N］. 北京商报，1－17.

赵国群，姚瑶，关军锋．2014. 发酵条件对梨醋酿造过程中有机酸的影响［J］. 食品工业科技（3）：146－150.

林文华，游雪燕，冯涛．2013. 对葡萄酒酒香酵母属不良风味抑制的研究进展［J］. 中国酿造（5）：5-9.

郭其昌.1981. 国内外葡萄酿酒和葡萄栽培科学技术和设备概况［J］. 黑龙江发酵（1）：29-36.

余昆，梁百吉，徐桂花，等.2013. 葡萄酒酿造过程中氮源的控制与管理［J］. 中外葡萄与葡萄酒（1）：48-52.

张春芝.2014. 基于服务产业发展的高职《葡萄酒标准和法规》教学内容体系构建［J］. 新课程研究（中旬刊）（1）：58-61.

李建华.2014. 张裕：中国葡萄酒的标杆［J］. 旅游时代（2）：20-23.

陈玉庆.1988. 关于我国葡萄酒发展的几点意见［J］. 葡萄栽培与酿酒（2）：31-34.

刘蕊.2011. 中西方葡萄酒历史文化对葡萄酒旅游的影响［J］. 旅游研究（2）：43-47.

温建辉.2013. 家庭酿造红葡萄酒工艺条件的研究［J］. 晋中学院学报（3）：20-24.

展学超，徐建民.2014. 你的冰酒，我的西拉——说说加拿大葡萄酒的润与美［J］. 旅游世界（旅友）（3）：28-29.

陈明，程上再，黄东琪，等.2013. 简易酿制葡萄酒的工艺研发［J］. 浙江国际海运职业技术学院学报（3）：44-47.

朱会霞.2013. 发酵条件对葡萄酒中高级醇的影响研究［J］. 酿酒科技（4）：50-52.

吴敬才.2013. 南方农家红葡萄酒酿造技术［J］. 福建农业（5）：16-17.

张斯，潘丙珍，庞世琦，等.2013. 进口葡萄酒中有机酸含量的研究［J］. 酿酒科技（6）：26-30.

郑春霞，张希颖.2011. 中国进口葡萄酒市场的发展及本土企业的应对策略［J］. 对外经贸实务（6）：33-36.

韩曰明.2011. 葡萄酒文化的回归与创新［J］. 中外葡萄与葡萄酒（8）：30-33.

王甜甜，刘建利，林勤，等.2013. 葡萄酒酿造过程中赭曲霉毒素 A 迁移规律的研究［J］. 酿酒科技（9）：25-29.

吴楚阳，苏静纯.2013. 崇尚自然 精心酿造［J］. 中国食品（16）：44.

保林.2012. 首届“南非葡萄酒官方品酒会”在北京举办［J］. 中国食品（17）：28.

云甄.2012. 中国进口酒行业的盛会——记 Vin China2012 中国（北京）国际葡萄酒烈酒展览会［J］. 中国食品（23）：85.

图书在版编目（CIP）数据

北京葡萄酒产业发展研究 / 何忠伟等著 . —北京：中国农业出版社，2014.7
ISBN 978-7-109-19298-0

Ⅰ.①北… Ⅱ.①何… Ⅲ.①葡萄酒-酿酒工业-产业发展-研究-北京市 Ⅳ.①F426.82

中国版本图书馆 CIP 数据核字（2014）第 130541 号

中国农业出版社出版
（北京市朝阳区麦子店街 18 号楼）
（邮政编码 100125）
责任编辑　李文宾　廖　宁

中国农业出版社印刷厂印刷　　新华书店北京发行所发行
2014 年 7 月第 1 版　　2014 年 7 月北京第 1 次印刷

开本：720mm×960mm　1/16　　印张：7.75
字数：160 千字
定价：28.00 元